Reihe *leicht gemacht*®

Herausgeber:
Prof. Dr. Hans-Dieter Schwind, Hochschullehrer
Dr. Peter-Helge Hauptmann, Richter am AG

Allg. Verwaltungsrecht

leicht gemacht

Eine fallorientierte Darstellung
anschaulich – lebendig – einprägsam
für Studierende an Universitäten, Fachhochschulen und Berufsakademien

von
Claus Murken
Rechtsanwalt und Repetitor

Ewald von Kleist Verlag, Berlin

Umwelthinweis:
Dieses Buch wurde auf chlorfrei gebleichtem Papier gedruckt.

Ewald v. Kleist Verlag
ISBN 3-87440-226-6
978-3-87440-226-2
www.kleist-verlag.de

Gestaltung: www.ramminger.de; Michael Haas ComputerSatz, Berlin
Druck & Verarbeitung: Druck und Service GmbH, Neubrandenburg
Gedruckt in Deutschland

Inhaltsverzeichnis

Leitsatz- und Übersichtsverzeichnis (L = Leitsatz, Ü = Übersicht)

I. Verwaltung und Verwaltungsrecht

Lektion 1

Verwaltungsrecht als Teil des öffentlichen Rechts

Was ist eigentlich Verwaltung? Wo und wie wird sie tätig? Eine Vorstellung davon hat wohl jeder, und typische Beispiele zu nennen fällt nicht schwer: Klassische Fälle sind etwa die Bauaufsicht, die Gewerbekontrolle, das Erheben von Abgaben, Steuern und Gebühren, die Schulverwaltung oder die Bewilligung von Sozialleistungen. Aber auch der Polizist, der den Verkehr regelt, wird verwaltend tätig. Und selbst der Kinderspielplatz ist ein Ergebnis von Verwaltungsaktivität: Seine Bereitstellung gehört – ebenso wie die Gewährleistung von Stromversorgung oder Nahverkehr – zu einer besonders vornehmen Aufgabe der Verwaltung, der Daseinsvorsorge für die Bürger.

Verwaltung reicht mittlerweile in viele, ja nahezu alle Lebensbereiche hinein. Gerade auch deshalb ist es wichtig, dass sie nicht willkürlich geschieht. So darf der Beamte in der Versammlungsbehörde nicht etwa nach Tageslaune darüber befinden, ob er eine geplante Demonstration verbietet oder nicht. Die Verwaltung muss sich vielmehr an Vorgaben halten. Wo aber sind solche Spielregeln zu finden, d.h. welches Recht gilt für die Verwaltung?

Die deutsche Rechtsordnung kennt zwei große Rechtsgebiete: Privatrecht und öffentliches Recht. Für die Verwaltung gelten in aller Regel – Sie werden es bereits geahnt haben – die Vorschriften des öffentlichen Rechts.

Bereits an dieser Stelle ein kleiner Hinweis: Ohne die in diesem Band angegebenen Paragraphen nachlesen zu können, macht die Lektüre dieses Buchs wenig Freude (und noch weniger Sinn). Auch wenn der tiefe Griff in die Tasche Überwindung kostet, besorgen Sie sich – zumindest wenn Sie es häufiger mit dem Verwaltungsrecht zu tun haben – am besten die Gesetzessammlung „Sartorius“. Dessen Nummerierung ist nach den im Text neu auftauchenden Gesetzen jeweils angegeben, um Ihnen zumindest die Sucharbeit zu erleichtern.

Für die Verwaltung gelten wie gesagt grundsätzlich die Regelungen des öffentlichen Rechts. Wann jedoch liegt öffentliches Recht in Abgrenzung zum Privatrecht vor? Dazu der erste Beispielsfall:

Fall 1

Die Gewerbeaufsichtsbehörde untersagt dem Bierproduzenten B gemäß § 35 I GewO (Sartorius Nr. 800) die Fortführung seines Betriebs, da er wiederholt zu tief ins Glas geschaut habe. Er sei daher als unzuverlässig anzusehen. B ist darüber so erzürnt, dass er sich sofort in den nächsten Supermarkt begibt. Dort kauft er gemäß § 433 BGB einen Kasten des eigenen Gebräus, mit dem er sein Mütchen zu kühlen sucht. Welche der beiden genannten Vorschriften ist öffentlich-rechtlich, welche privatrechtlich?

Die Differenzierung zwischen öffentlichem Recht und Privatrecht ist nicht ganz unproblematisch. Gleich zu Beginn dieses Buchs Theoretisches auszubreiten, ist daher leider unvermeidbar (soll in diesem Ausmaß aber nicht wieder vorkommen, versprochen!).

Denn worin der Unterschied eigentlich besteht, darüber streiten sich die Gelehrten, und das bereits seit langem. Schon der römische Jurist Ulpian hat sich im 2. Jahrhundert nach Christus Gedanken gemacht: Dem öffentlichen Recht zugehörig sind seiner Meinung – und der heute noch vertretenen „**Interessentheorie**" nach – alle Vorschriften, die öffentlichen Interessen dienen. Zum Privatrecht hingegen gehören die Regelungen, die Privatinteressen dienen.

Noch anschaulicher kommt die sog. „**Subordinationstheorie**" daher: Danach liegt öffentliches Recht immer dann vor, wenn die Beteiligten in einem Über-/Unterordnungsverhältnis stehen (der Staat also über dem Bürger). Privatrecht sei demgegenüber durch ein Verhältnis der Gleichordnung (Bürger – Bürger) gekennzeichnet.

Die „**Zuordnungstheorie**" schließlich stellt das Zuordnungssubjekt der jeweiligen Vorschrift in den Mittelpunkt: Werde ausschließlich der Staat durch die Vorschrift berechtigt oder verpflichtet, so liege öffentliches Recht vor. Die für jedermann geltenden Regelungen seien dagegen dem Privatrecht zuzurechnen.

Durchsetzen konnte sich bislang keine der verschiedenen Lehrmeinungen. Für den Einzelfall sind sie je nach Eignung auch nebeneinander anwendbar. Meist ist die Unterscheidung ohnehin leicht zu treffen, und auch die Theorien gelangen größtenteils zum selben Ergebnis.

So auch in Fall 1: § 35 GewO ist - unschwer zu erkennen - eine Vorschrift des öffentlichen Rechts. Sie dient nämlich öffentlichen Interessen (dem Schutz vor Gefahren durch die Unzuverlässigkeit des Gewerbetreibenden). Die Behörde, die die Untersagung ausspricht, ist dem G zudem rechtlich übergeordnet. Schließlich berechtigt § 35 GewO ausschließlich staatliche Stellen dazu, eine Gewerbeuntersagung zu verfügen. Allen drei Theorien zufolge ist § 35 GewO damit dem öffentlichen Recht zuzuordnen.

Auch im Hinblick auf § 433 BGB herrscht Übereinstimmung: Die Regelung dient privaten Interessen (nämlich denen der am Kauf Beteiligten). Käufer und Verkäufer sind einander gleichgeordnet. Darüber hinaus kann jedermann Kaufverträge abschließen, nicht etwa nur Hoheitsträger. Einstimmiges Ergebnis zu § 433 BGB also: Privatrecht!

Leitsatz 1

!

Öffentliches Recht

Das öffentliche Recht ist vom Privatrecht abzugrenzen.

Dem öffentlichen Recht gehören diejenigen Vorschriften an, die
- öffentlichen Interessen dienen (Interessentheorie)
- den Staat dem Bürger überordnen (Subordinationstheorie) bzw.
- einseitig den Staat berechtigen oder verpflichten (Zuordnungstheorie).

Die Leitsätze fassen die wesentlichen Punkte einer Lektion nochmals zusammen. Sie sind dazu gedacht, das Ganze merkfähig zu machen. Mit ihrer Hilfe können Sie sich das Gelernte noch einmal leicht ins Gedächtnis zurückrufen; prägen Sie sich die Leitsätze gut ein.

So, der Begriff des öffentlichen Rechts wäre soweit möglich geklärt. Öffentliches Recht aber ist ein weites Feld; welche Vorschriften gelten denn nun speziell für die Verwaltung? Das öffentliche Recht umfasst das

Verfassungsrecht, Völker- und Europarecht, Strafrecht und – da haben wir's – Verwaltungsrecht. Dazu die **Übersicht 1**:

Übersicht 1: Aufbau des Öffentlichen Rechts in Deutschland

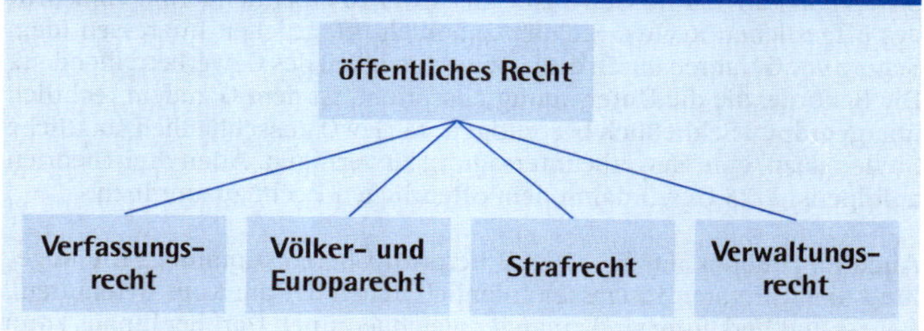

Das Verwaltungsrecht wird von den Vorschriften innerhalb des öffentlichen Rechts gebildet, die eigens für die Verwaltung, insbesondere ihre Tätigkeit und Organisation, gelten. Das Verwaltungsrecht regelt darüber hinaus die Beziehungen zwischen Bürger und Verwaltung, vor allem die Rechte und Pflichten, die dem Bürger gegenüber der Verwaltung zukommen.

Fall 2

B errichtet in seinem Vorgarten ohne Genehmigung einen Whirlpool. Die Bauaufsichtsbehörde möchte einen Stopp der Bauarbeiten anordnen. Zur gleichen Zeit stellt die örtliche Umweltbehörde fest, dass die Fabrik des Unternehmers B zu viele Schadstoffe ausstößt. Sie will ihm daher aufgeben, einen Schadstofffilter in den Schornstein einzubauen. Beide Behörden fragen sich, ob sie die genannten Verfügungen ohne weiteres erlassen können. Oder müssen sie A und B zuvor Gelegenheit zur Stellungnahme geben?

Innerhalb des Verwaltungsrechts ist zu unterscheiden zwischen Besonderem und Allgemeinem Verwaltungsrecht. **Besonderes Verwaltungsrecht** ist das Recht der einzelnen Tätigkeitsbereiche der Verwaltung, also z.B. Baurecht, Gewerberecht, Straßenrecht, Polizei- und Ordnungsrecht, Sozial-, Schul-, Abgaben- oder Dienstrecht. Das besondere Verwaltungsrecht ist in speziellen Gesetzen geregelt. Das Baurecht etwa hat seinen Platz im Bundesbaugesetzbuch und den Landesbauordnungen gefunden, das Gewerberecht in der Gewerbeordnung und im Gaststättengesetz, das Umweltrecht im Bundes-Immissionsschutzgesetz u.s.w.

Das Allgemeine Verwaltungsrecht dagegen umfasst diejenigen Regelungen, Prinzipien und Begriffe, die grundsätzlich für alle Bereiche des Verwaltungsrechts gelten. Es beschäftigt sich etwa mit der Organisation der Verwaltung und enthält grundlegende Regeln über deren Handlungsmöglichkeiten, das Verfahren, die Vollstreckung sowie die Staatshaftung. Geregelt ist das allgemeine Verwaltungsrecht im Wesentlichen im Verwaltungsverfahrensgesetz (VwVfG – Sartorius Nr. 100). Ein VwVfG gibt es dabei im Bund und in den einzelnen Ländern: Handelt eine Bundesbehörde, so gilt das VwVfG des Bundes. Wird eine Landesbehörde tätig, gelangt das VwVfG des Landes zur Anwendung. Im Buch angegeben werden jeweils die Paragraphen des Bundes-VwVfG. Die meisten Verwaltungsverfahrensgesetze der Länder verweisen auf dieses oder stimmen mit ihm überein. Allein in Schleswig-Holstein ist die Nummerierung der Vorschriften eine andere, inhaltlich ergeben sich jedoch (zumindest bezüglich der für uns relevanten Normen) keine Unterschiede.

Übrigens: Hinsichtlich der Differenzierung zwischen Allgemeinem und Besonderem Verwaltungsrecht besteht eine deutliche Parallele zum Privatrecht. Vielleicht sind Sie schon einmal mit dem Bürgerlichen Gesetzbuch (BGB) in Berührung gekommen. Dort ist als erstes der sogenannte Allgemeine Teil geregelt. Dieser enthält Grundsätze, die für alle Bücher des BGB gelten, z.B. wichtige Definitionen oder allgemeine Regelungen, wann ein Vertrag zustande kommt. Die Methode, Grundregeln „vor die Klammer zu ziehen“, erleichtert dem Gesetzgeber die Arbeit ungemein, ist er doch so nicht zu ständigen Wiederholungen gezwungen. Ähnlich ist er also im Verwaltungsrecht verfahren.

In Fall 2 geht es um verschiedene Bereiche des Besonderen Verwaltungsrechts, nämlich um Baurecht und Umweltrecht. Die Anordnung gegenüber A, die Bauarbeiten am Pool zu stoppen, richtet sich nach der Landesbauordnung. Für die Anweisung an B, einen Schadstofffilter in seinen Schornstein einzubauen, sind die Vorschriften des Bundesimmissionsschutzgesetzes maßgeblich. Die Frage aber, ob A und B angehört werden müssen, richtet sich in beiden Fällen nach Allgemeinem Verwaltungsrecht: § 28 I VwVfG regelt, dass vor Erlass einer belastenden

Verfügung den Betroffenen Gelegenheit zur Stellungnahme zu geben ist. Die Vorschrift gilt für alle belastenden Verfügungen, egal aus welchem Gebiet des Besonderen Verwaltungsrechts sie stammen. A und B dürfen sich vor Erlass der Anordnungen also zur Sachlage äußern.

Übersicht 2 fasst das Verhältnis von Besonderem und Allgemeinem Verwaltungsrecht noch einmal zusammen:

Übersicht 2: Besonderes und Allgemeines Verwaltungsrecht

Verwaltungsrecht

Allgemeines Verwaltungsrecht	Besonderes Verwaltungsrecht
▼	▼
die im Wesentlichen allen Verwaltungszweigen gemeinsamen Vorschriften	Recht der einzelnen Tätigkeitsbereiche der Verwaltung, z.B. Baurecht, Gewerberecht

Das Allgemeine Verwaltungsrecht behandelt also die Fragen, die für alle speziellen Verwaltungszweige gelten. Ihm wollen wir uns im Folgenden widmen.

Lektion 2

Verwaltungsorganisation

Fall 3

K möchte sich mit einer Ein-Euro-Ladenkette selbstständig machen. Aus dem Internet erfährt er, dass der Bund Fördermöglichkeiten für Existenzgründer bereitstellt. Wenden müsse man sich dazu an das Bundeswirtschaftsministerium. K stellt einen Förderantrag, der wenige Tage später auf dem Tisch des Sachbearbeiters S im Wirtschaftsministerium liegt. Der Bund, das Bundesministerium für Wirtschaft und der sachbearbeitende Beamte S sind verschiedene Glieder innerhalb der Verwaltungsorganisation. Wie heißen sie?

Für die Verwaltungstätigkeit werden sowohl Personen, die sie ausführen, wie auch sachliche Hilfsmittel (Gebäude, Büromaterial etc.) benötigt. Bereitgestellt werden diese Voraussetzungen für die Verwaltungstätigkeit jeweils von einer Organisation, dem sog. „Verwaltungsträger". Verwaltungsträger sind Organisationen zur Erfüllung öffentlicher Aufgaben. Dies sind die juristischen Personen des öffentlichen Rechts, also insbesondere der Bund, die Länder und Gemeinden, Landkreise sowie sonstige Körperschaften, Anstalten und Stiftungen des öffentlichen Rechts (was sich hinter letzteren drei Begriffen im Einzelnen verbirgt, werden wir gleich noch sehen).

Als juristische Personen sind die Verwaltungsträger zwar rechtsfähig, aber nicht handlungsfähig. Zum Handeln bedienen sie sich vielmehr ihrer „Organe". Organe sind also Einrichtungen eines Verwaltungsträgers, die für diesen nach außen tätig werden. Organe können aus Einzelpersonen oder Gremien bestehen. So hat beispielsweise die Gemeinde die Organe Bürgermeister und Gemeindevertretung. Organe des Bundes sind etwa Bundeskanzler, Bundesregierung und Bundesministerien.

Da es sich auch bei den Organen lediglich um rechtliche Gebilde handelt, benötigen sie Menschen, die für sie tätig werden: Diese natürlichen Personen, die die den Organen zugewiesenen Aufgaben konkret ausführen, heißen „Organwalter"; Beispiele: Das einzelne Mitglied der Gemeindevertretung, der dem Bürgermeister unterstehende Sachbearbeiter.

Zu Fall 3: Der Bund ist als rechtsfähige juristische Person des öffentlichen Rechts „Verwaltungsträger". Das Bundesministerium für Wirtschaft ist für den Bund handelndes „Organ", der Sachbearbeiter S aus dem Wirtschaftsministerium „Organwalter".

Unmittelbare und mittelbare Staatsverwaltung

Im Hinblick auf den Verwaltungsaufbau in der Bundesrepublik Deutschland ist zwischen unmittelbarer und mittelbarer Staatsverwaltung zu unterscheiden.

Leitsatz 2

!

Arten von Staatsverwaltung

Sowohl dem Bund wie auch den Ländern kommt Staatsqualität zu. Als Inhaber ursprünglicher, nicht abgeleiteter Herrschaftsgewalt sind sie originäre Verwaltungsträger. Werden sie **durch eigene Behörden** verwaltend tätig, so bezeichnet man dies als **„unmittelbare"** Staatsverwaltung. Bund und Länder können ihre Verwaltungsaufgaben aber auch **durch rechtlich verselbstständigte Verwaltungsträger** wahrnehmen, die im Auftrag und unter der Aufsicht von Bund bzw. Ländern tätig werden – sog. **„mittelbare"** Staatsverwaltung.

Wie die mittelbare Staatsverwaltung ausgestaltet ist, sehen wir uns nachher im Einzelnen an. Jetzt erst einmal zur unmittelbaren Staatsverwaltung: Sie kann sowohl auf Bundes- wie auch auf Landesebene stattfinden:

Unmittelbare Bundesverwaltung

Fall 4

Bundesligakeeper K liebt die Geschwindigkeit und seinen Porsche. Abseits des Fussballplatzes macht er sich einen Sport daraus, Polo-Fahrer zu jagen. Einen besonders greisen Polo am Horizont im Visier, übersieht er bei Tempo 250 großzügig das Geschwindigkeitsbegrenzungsschild „120" wie auch das dahinter aufgebaute Blitzgerät. K findet sich in einem warmen Punkteregen aus Flensburg wieder. Welche Art von Behörde ist das Flensburger Kraftfahrt-Bundesamt?

Unmittelbare Staatsverwaltung durch den Bund als Verwaltungsträger – die sog. „unmittelbare Bundesverwaltung" – liegt wie gerade erwähnt vor, wenn der Bund die Gesetze durch eigene Behörden vollzieht.

Zu unterscheiden sind dabei insbesondere zwei Arten von Behörden: die obersten Bundesbehörden und die Bundesoberbehörden. Gemeinsam ist ihnen, dass sie räumlich jeweils für das gesamte Bundesgebiet zuständig sind. Den **obersten Bundesbehörden** kommt Verfassungsrang zu, sie sind im Grundgesetz genannt, z.B. Bundesregierung, Bundeskanzler und Bundesminister (Art. 62, 65 GG). **Bundesoberbehörden** sind den verschiedenen Bundesministerien nachgeordnete Behörden, die sachlich für spezielle Verwaltungsaufgaben zuständig sind. Dem Innenministerium nachgeordnet ist etwa das Bundeskriminalamt, dem Wirtschaftsministerium das Bundeskartellamt.

Das Kraftfahrt-Bundesamt in Flensburg aus Fall 4, mit dem K sich angelegt hat, ist eine dem Verkehrsministerium nachgeordnete Behörde und damit Bundesoberbehörde.

Unmittelbare Landesverwaltung

Fall 5

Im Bundesland L ist oberste Abfallwirtschaftsbehörde der Umweltminister, obere Abfallwirtschaftsbehörde der Regierungspräsident, untere Abfallwirtschaftsbehörde der Kreis. Sachbearbeiter S des Landkreises K ist erbost, dass das Regierungspräsidium ständig Weisungen zur Genehmigung von Mülldeponien in K erlässt. Muss S diese befolgen und die Deponien genehmigen?

Die Verwaltungstätigkeit obliegt gemäß Art. 30, 83 GG grundsätzlich den Ländern: Diese vollziehen nämlich neben den eigenen Gesetzen in der Regel auch die Bundesgesetze (Art. 83 GG). Anders als auf Bundesebene findet sich aufgrund des größeren Aufgabenumfangs in den Ländern daher regelmäßig auch ein mehrstufiger Verwaltungsaufbau: Oberstufe, Mittelstufe und Unterstufe.

Behörden der **Oberstufe** sind für das gesamte Landesgebiet zuständig. Oberste Landesbehörden sind solche, denen aufgrund der jeweiligen Landesverfassung Verfassungsrang zukommt, bspw. die Landesregierung, der Ministerpräsident und die Landesministerien. Die sogenannten Landesoberbehörden sind wie auf Bundesebene die Bundesoberbehörden den einzelnen Ministerien nachgeordnet; sie nehmen sachlich spezielle

Verwaltungsaufgaben wahr. So ist etwa das Landeskriminalamt dem Innenministerium des Landes nachgeordnet.

Die Mittelstufe in der Verwaltungsorganisation der Länder bilden die – je nach Land unterschiedlich bezeichneten – „Regierungspräsidien", „Regierungen" oder „Bezirksregierungen". Sachlich nehmen sie sämtliche Formen von Verwaltungsaufgaben wahr. Sie sind jedoch örtlich jeweils nur für einen bestimmten Bezirk des Landes zuständig.

Auf der Unterstufe nehmen die Landkreise die allgemeinen Verwaltungsaufgaben wahr, soweit nicht für einzelne Aufgabenbereiche Sonderverwaltungsbehörden (z.B. Forstämter, Eichämter, Finanzämter) gebildet wurden.

Nachgeordnete Behörden unterliegen dabei der Fachaufsicht der übergeordneten Behörden, d.h. ihr Handeln kann auf Recht- und Zweckmäßigkeit hin kontrolliert werden. Außerdem können den nachgeordneten Behörden Vorgaben gemacht werden.

So könnte etwa das Umweltministerium aus Fall 5 allgemein bestimmen, wie mit Genehmigungsanträgen für Mülldeponien im Einzelnen zu verfahren ist. Auch die Weisungen des Regierungspräsidiums, die Mülldeponien im Landkreis K zu genehmigen, müssen von der unteren Abfallwirtschaftsbehörde befolgt werden. Sachbearbeiter S muss die Genehmigungen demnach schweren Herzens erteilen.

Mittelbare Staatsverwaltung

Fall 6

Rechtsanwalt R hat sich auf Rentenrecht spezialisiert. Da seine Wohnzimmerkanzlei sich jedoch im fünften Stock eines fahrstuhllosen Gebäudes befindet, hält sich der Mandantenzuspruch bislang in Grenzen. Den Jahresbeitrag seiner Rechtsanwaltskammer, den R ohnehin für unangemessen hält, möchte er gerne einsparen, indem er diese verlässt. Um was für eine Einrichtung handelt es sich bei der Rechtsanwaltskammer? Kann R aus ihr austreten?

Bund und Länder können Verwaltungsaufgaben nicht nur durch eigene Behörden (unmittelbare Staatsverwaltung), sondern auch durch rechtlich verselbstständigte Verwaltungsträger wahrnehmen, die im Auftrag und unter der Aufsicht des Bundes bzw. Landes tätig werden: sogenannte mittelbare Staatsverwaltung. Diese rechtlich verselbstständigten Verwaltungsträger sind Körperschaften, Anstalten und Stiftungen des öffentlichen Rechts.

Körperschaften des öffentlichen Rechts sind durch staatlichen Hoheitsakt (z.B. Gesetz) geschaffene Organisationen, die öffentliche Aufgaben wahrnehmen. Sie bestehen aus Mitgliedern, wobei der Bestand der Körperschaft vom Wechsel der Mitglieder unabhängig ist. Nach ihren Mitgliedern lassen sich verschiedene Arten von Körperschaften differenzieren: So ergibt sich die Mitgliedschaft bei einer Gebietskörperschaft aus dem Wohnsitz in einem bestimmten Gebiet. Jeder Einwohner einer bestimmten Gemeinde ist daher Mitglied der Gebietskörperschaft Gemeinde. Bei Personalkörperschaften folgt die Mitgliedschaft dagegen aus einer speziellen Eigenschaft einer Person, z.B. dem Beruf. Personalkörperschaften haben diese Personen in der Regel als Zwangsmitglieder. Die Rechtsanwaltskammer aus Fall 6 ist eine derartige Personalkörperschaft. Alle Rechtsanwälte in ihrem Bezirk sind Zwangsmitglieder, R kann den Kammerbeitrag daher nicht ohne weiteres durch Austritt einsparen.

Mittelbare Staatsverwaltung kann daneben auch über Anstalten des öffentlichen Rechts erfolgen. Anstalten sind organisatorisch verselbstständigte Zusammenfassungen von Personal- und Sachmitteln zur Erfüllung einer öffentlichen Aufgabe. Sie werden ihren Benutzern zur Verfügung gestellt. Klassisches Beispiel sind etwa die öffentlichen Rundfunkanstalten.

Stiftungen des öffentlichen Rechts schließlich sind durch staatlichen Hoheitsakt gegründete Organisationen zur Erfüllung öffentlicher Aufgaben mit Hilfe von Vermögenswerten, die ihnen von einem Stifter übergeben worden sind. Im Unterschied zu Körperschaften, die durch ihre mitgliedschaftliche Struktur geprägt werden, und zu Anstalten, die Benutzer haben, sind Stiftungen durch ihr Vermögen charakterisiert. Mehr oder weniger bekanntes Beispiel ist die Stiftung Preußischer Kulturbesitz, die die ehemals preußischen Kulturgüter wie Gebäude, Kunstsammlungen und Bibliotheken verwaltet.

Leitsatz 3

!

Mittelbare Staatsverwaltung
Die mittelbare Staatsverwaltung erfolgt durch Körperschaften, Anstalten und Stiftungen des öffentlichen Rechts:

1. **Körperschaften**: aus Mitgliedern bestehende Personenvereinigungen, die öffentlichen Zwecken dienen, z.B. Gemeinde, Rechtsanwaltskammer, Universität
2. **Anstalten**: mit Personal und Sachmitteln ausgestattete Organisationen zur Erfüllung eines öffentlichen Zwecks für Benutzer, z.B. Rundfunkanstalten
3. **Stiftungen**: rechtlich verselbstständigte Vermögen zur Förderung eines öffentlichen Zwecks, z.B. Stiftung Preußischer Kulturbesitz

Lektion 3

Gesetzmäßigkeit der Verwaltung

Die Bundesrepublik Deutschland ist ein Rechtsstaat, d.h. ein Staat, in dem die Ausübung der Staatsgewalt durch Recht und Gesetz geregelt und begrenzt wird. Die Staatstätigkeit, die sich mittlerweile nahezu auf alle Lebensbereiche ausdehnt, darf nicht etwa willkürlich geschehen, sondern muss sich an die von der Volksvertretung – dem Parlament – geschaffenen Regelungen halten. Die Einhaltung von Rechtsnormen ist die Voraussetzung dafür, dass die Rechtssicherheit und Gleichbehandlung der Bürger gewährleistet ist.

Auf diesem Rechtsstaatsprinzip basiert u.a. der Grundsatz der Gesetzmäßigkeit der Verwaltung, der in unserer Verfassung in Art. 20 III GG festgeschrieben ist: Danach ist die vollziehende Gewalt „an Gesetz und Recht gebunden". Der Grundsatz der Gesetzmäßigkeit der Verwaltung bindet die Verwaltung an die Vorgaben des parlamentarischen Gesetzgebers. Damit ist die Verwaltungstätigkeit zugleich der Kontrolle durch die Gerichte unterworfen, die das Handeln der Verwaltung auf die Einhaltung der Gesetze hin überprüfen können.

Das Prinzip der Gesetzmäßigkeit der Verwaltung umfasst dabei zwei Grundsätze: Zum einen darf sie keine Maßnahmen treffen, die gegen Rechtsvorschriften verstoßen (Vorrang des Gesetzes). Zum anderen darf sie grundsätzlich nur tätig werden, sofern ihr dies durch ein Gesetz gestattet ist (Vorbehalt des Gesetzes).

Leitsatz 4

!

Gesetzmäßigkeit der Verwaltung
Das Prinzip der Gesetzmäßigkeit der Verwaltung ergibt sich aus Art. 20 III GG: Danach ist die Verwaltung als Teil der vollziehenden Gewalt „an Gesetz und Recht gebunden".

Konkretisiert wird das Prinzip der Gesetzmäßigkeit der Verwaltung durch zwei Grundsätze:

1. **Vorrang des Gesetzes**: Die Verwaltungstätigkeit darf nicht gegen Rechtsnormen verstoßen („kein Handeln gegen das Gesetz")

2. **Vorbehalt des Gesetzes**: Eine Maßnahme der Verwaltung ist grundsätzlich nur rechtmäßig, wenn das Handeln in einer Rechtsnorm gestattet ist („kein Handeln ohne Gesetz")

Vorrang des Gesetzes

Fall 7

Das Amt für Ausbildungsförderung in Z hielt die in § 13 BAföG – Sartorius Nr. 420 – festgelegten Sätze für die Ausbildungsförderung von Studierenden schon immer für zu niedrig angesetzt. Es gewährt den bedürftigen Studenten der örtlichen Universität daher jeweils das Dreifache des Satzes. Darf es das?

Der Grundsatz des Gesetzesvorrangs bringt die Bindung der Verwaltung an die bestehenden Gesetze zum Ausdruck. Die Verwaltungsbehörden müssen den Gesetzen entsprechend handeln, d.h. sie dürfen nicht gegen bestehende Rechtsvorschriften verstoßen. Der Begriff „Gesetze" umfasst dabei sowohl die Verfassung, die vom Parlament erlassenen Gesetze wie auch Rechtsverordnungen und Satzungen. An all diese Vorgaben muss sich die Verwaltung halten. Das Vorrangprinzip verpflichtet die

Verwaltung also zu gesetzmäßigem Handeln („kein Handeln gegen das Gesetz").

Das Amt für Ausbildungsförderung in Z aus Fall 7 muss sich demnach an die Regelung in § 13 BAföG halten und darf die dort gesetzten Grenzen nicht überschreiten. Die Förderungsbescheide, die diesen Rahmen sprengen, sind rechtswidrig.

Zwischenfrage: Warum heißt der Grundsatz eigentlich „Vorrang des Gesetzes"?

Diese Wortschöpfung entnimmt man Art. 20 III GG: Danach nämlich sind, wie bereits erwähnt, die neben der Gesetzgebung stehenden Staatsgewalten – Vollziehung und Rechtsprechung – an das Gesetz gebunden. Beide müssen sich also an die von der Legislative geschaffenen Vorgaben halten.

Vorbehalt des Gesetzes

Fall 8

Finanzamt F erfindet eine Tulpensteuer zur Auffüllung des Stadtsäckels. Blumenladeninhaberin I versteht die Welt nicht mehr, als sie einen Steuerbescheid in Höhe von 20.000 Euro erhält. Versteht I die Welt zu Recht nicht mehr?

Der Grundsatz des Vorbehalts des Gesetzes verlangt eine gesetzliche Grundlage für die Verwaltungstätigkeit. Die Verwaltung darf nur handeln, wenn ein Gesetz dies gestattet („kein Handeln ohne Gesetz").

Das Prinzip des Gesetzesvorbehalts ergibt sich insbesondere aus dem in Deutschland geltenden Demokratieprinzip: Das Parlament verfügt durch seine unmittelbare Volkswahl und sein transparentes Gesetzgebungsverfahren über eine besondere Legitimität, die grundlegenden Entscheidungen des Gemeinwesens zu treffen. Es schafft also verbindliche allgemeine Vorgaben für die Rechtsbeziehungen zwischen Staat und Bürger und gibt damit auch vor, wie sich die Verwaltung zu verhalten hat. Ist die Verwaltung nicht durch eine gesetzliche Regelung zum Handeln ermächtigt, so darf sie grundsätzlich nicht tätig werden.

Für die Erhebung einer speziellen Tulpensteuer findet sich im Gesetz keine Grundlage. Die Steuergesetze sehen eine solche nicht vor. Der Steuerbescheid des Finanzamts F aus Fall 8 – so verständlich seine Motivation auch sein mag – verstößt damit gegen den Gesetzesvorbehalt; er ist rechtswidrig.

Fall 9

Im Haushaltsplan des Bundeslandes B sind für Naturkatastrophen besondere Mittel ausgewiesen. Aufgrund einer Dürreperiode ist Landwirt L in heller Aufregung und nicht mehr in der Lage, sein Vieh zu ernähren. L beruhigt sich erst, als die zuständige Behörde ihm Mittel zur Futterbeschaffung zuweist. Durfte sie das, obwohl die Mittel nur im Haushaltsplan ausgewiesen waren?

Greift der Grundsatz vom Vorbehalt des Gesetzes ein, so bedarf das Handeln der Exekutive einer Ermächtigungsgrundlage in Form einer Rechtsvorschrift – Gesetz, Rechtsverordnung oder Satzung. Fehlt es daran, ist das Handeln der Verwaltung rechtswidrig.

Der Grundsatz des Vorbehalts des Gesetzes gilt jedoch nicht uneingeschränkt für jede Art von Verwaltungstätigkeit. Anerkannt ist, dass er für Belastungen des Bürgers gilt; Eingriffe in dessen Rechte bedürfen einer rechtlichen Grundlage. Anders verhält es sich allerdings im Bereich der Leistungsverwaltung: Etwa für eine Subventionsgewährung genügt es, wenn die Mittel im Haushaltsplan (der keine gesetzliche Regelung darstellt) zur Verfügung gestellt werden. Das eben angesprochene Demokratieprinzip ist ausreichend berücksichtigt, da das Parlament selbst über den Haushaltsplan die grundsätzliche Entscheidung hinsichtlich der Subventionierung eines bestimmten Bereichs getroffen hat.

Im Beispielsfall 9 durfte die Behörde dem L demnach allein auf Grundlage des Haushaltsplans Mittel zur Futterbeschaffung gewähren.

Merken Sie sich also: Der Gesetzesvorbehalt gilt stets bei Verwaltungshandeln, das in die Rechte von Bürgern eingreift. Im Bereich der Leistungsverwaltung hingegen kann die Verwaltung gegebenenfalls auch ohne gesetzliche Grundlage handeln.

II. Der Verwaltungsakt

Lektion 4

Die Handlungsformen der Verwaltung

Zur Erfüllung ihrer Aufgaben stehen der öffentlichen Verwaltung verschiedene Handlungsformen zur Verfügung. Dies sind der Verwaltungsakt, der öffentlich-rechtliche Vertrag, die Rechtsverordnung, Satzung, Verwaltungsvorschriften, Realakte sowie das privatrechtliche Handeln.

Verwaltungsakt

Fall 10

A, der zum Griff zur Flasche neigt, betreibt eine Kneipe. Die entsprechende Gaststättenerlaubnis hatte er zu noch „trockenen" Zeiten erhalten. Muss die zuständige Behörde hier eingreifen?

Werfen Sie einen Blick in § 15 II GastG (Sartorius Nr. 810): Danach muss die Behörde bei nachträglichem Eintreten von Tatsachen im Sinne des § 4 I Nr.1 GastG eine erteilte Gaststättenerlaubnis widerrufen. § 4 I Nr.1 GastG spricht von Tatsachen, die eine Unzuverlässigkeit des Gewerbetreibenden begründen. A ist, da im Sinne von § 4 I Nr.1 mittlerweile „dem Trunke ergeben", als unzuverlässig anzusehen. Die Behörde muss folglich die dem A erteilte Gaststättenerlaubnis gemäß § 15 II GastG widerrufen.

Was ist damit geschehen?

Mit dem Widerruf der Gaststättenerlaubnis hat die zuständige Behörde die Bestimmungen des GastG für den Einzelfall umgesetzt. Genau zu diesem Zweck steht der Behörde die Handlungsform des Verwaltungsakts zur Verfügung: Da Gesetze in aller Regel abstrakt formuliert sind, bedürfen sie einer Umsetzung auf einen konkreten Fall und eine bestimmte Person. Diese Funktion macht den Verwaltungsakt zur typischen Handlungsform der Verwaltung: Durch ihn kann sie ihre grundlegende Aufgabe erfüllen, nämlich die allgemein gehaltenen Rechtsvorschriften gegenüber dem Bürger verbindlich umzusetzen.

Der Verwaltungsakt ist damit die in der Praxis häufigste Form des Verwaltungshandelns. Auch Sie werden im Laufe Ihres Lebens nicht an ihm vorbeikommen: Immatrikulation, Beamtenernennung, Verkehrszeichen, Baugenehmigung, Steuerbescheid – diese Fälle bilden nur eine kleine Auswahl aus der Vielzahl behördlicher Maßnahmen, die als Verwaltungsakt anzusehen sind. Wann genau ein Verwaltungsakt vorliegt, bestimmt § 35 S.1 VwVfG. Mit dieser zentralen Vorschrift werden wir uns in der nächsten Lektion intensiv beschäftigen.

An dieser Stelle noch eine kleine Zusammenfassung des Falls 10: Die Behörde musste die Gaststättenerlaubnis des alkoholsüchtigen Wirts A gemäß §§ 15 II, 4 I Nr.1 GastG widerrufen. Diese Maßnahme, mit der sie die allgemein gefassten Regelungen des Gaststättengesetzes für den Einzelfall umsetzte, stellt einen Verwaltungsakt dar.

Öffentlich-rechtlicher Vertrag

Fall 11

A ist inzwischen von seiner Alkoholsucht genesen und will in der Gemeinde G ein neues Lokal mit dem klangvollen Namen „Athener Stübchen“ erbauen. Er beantragt eine Baugenehmigung. Der Bauaufsichtsbehörde ist bekannt, dass in G eine Vielzahl von Griechisch-Gourmets haust. Zur Vermeidung von Parkraumnot will sie daher sicherstellen, dass genügend Stellplätze vor dem Restaurant errichtet werden. Wie können A und die Behörde hier übereinkommen?

Sehen Sie einmal in § 54 S.1 VwVfG: Auch „auf dem Gebiet des öffentlichen Rechts“ können Verträge geschlossen werden. Wann aber ist die in einem Vertrag getroffene Regelung öffentlich-rechtlich? Die Rechtsnatur eines Vertrags bestimmt sich nach dem Vertragsgegenstand, d.h. den im Vertrag geregelten Rechten und Pflichten. Beziehen sich diese auf einen nach öffentlich-rechtlichen Vorschriften geregelten Lebenssachverhalt, liegt ein öffentlich-rechtlicher Vertrag vor.

Wie verhält es sich insoweit mit einer zwischen A und Behörde B möglichen Vereinbarung?

Sowohl die Erteilung einer Baugenehmigung wie auch die Pflicht zur Stellplatzerrichtung sind in öffentlich-rechtlichen Vorschriften geregelt, nämlich in der Landesbauordnung. A und die Bauaufsichtsbehörde könnten in Fall 11 folglich einen öffentlich-rechtlichen Vertrag miteinander abschließen, mit dem A sich gegen den Erhalt einer Baugenehmigung zur Errichtung von Stellplätzen vor dem Athener Stübchen verpflichtet.

Zwei Arten öffentlich-rechtlicher Verträge im Sinne der §§ 54 ff. VwVfG lassen sich unterscheiden: Koordinationsrechtliche Verträge sind Vereinbarungen zwischen gleichgeordneten Rechtsträgern, also insbesondere zwischen Hoheitsträgern (z.B. zweier Gemeinden über die gemeinsame Unterhaltung einer sie verbindenden Brücke). Subordinationsrechtliche Verträge sind solche zwischen Hoheitsträgern und Privaten, also Parteien, die sonst in einem Über/Unterordnungsverhältnis stehen.

Wozu gehört wohl die Abrede von A und B?

Klar: Zu letzteren. In den in diesen Fällen bestehenden Über-/Unterordnungsverhältnissen könnte die Behörde grundsätzlich auch durch Verwaltungsakt handeln, vgl. § 54 S.2 VwVfG. Anstatt eine vertragliche Vereinbarung mit A zu treffen, hätte die Bauaufsichtsbehörde demnach auch eine Baugenehmigung mit der Auflage, genügend Stellplätze zu errichten, erteilen können.

Fall 11 nochmals zur Wiederholung: Die Vereinbarung zwischen A und B über die Erteilung einer Baugenehmigung gegen die Errichtung von Stellplätzen ist ein öffentlich-rechtlicher Vertrag, da der Lebenssachverhalt in öffentlich-rechtlichen Vorschriften (Landesbauordnung) geregelt ist.

Fall 12

Nachdem auch das Athener Stübchen bei der örtlichen Hellas-Fangemeinde nicht den erwarteten Anklang gefunden hat, besinnt sich A schließlich seines vor Jahren abgeschlossenen Jurastudiums. Und tatsächlich: Nur wenige Bewerbungen später erhält A einen verantwortungsvollen Posten als Beamter in der unteren Wasserbehörde. Behördenleiter L ist von den ungeahnten Qualitäten des A so begeistert, dass er mit ihm für gleichbleibend hohe Leistungen eine 100-prozentige Lohnerhöhung vereinbart. Auf die Frage des A, ob man die Abrede schriftlich niederlegen solle, reagiert L beinahe brüskiert: Man befinde sich doch unter Ehrenmännern. Handelt es sich bei der Vereinbarung um einen öffentlich-rechtlichen Vertrag? Überlegen Sie!

Ja. Vertragsgegenstand ist die Beamtenbesoldung, diese wiederum ist öffentlich-rechtlich im BBesG (Sartorius Nr. 230) geregelt.

Könnte man die Wirksamkeit der Vereinbarung anzweifeln?

Zur Frage der Wirksamkeit öffentlich-rechtlicher Verträge trifft § 59 VwVfG eine ausführliche Regelung. Während § 59 II VwVfG einige spezielle Nichtigkeitsgründe nennt, verweist die allgemeine Nichtigkeitsvorschrift des § 59 I VwVfG auf eine entsprechende Anwendung des BGB.

Welcher Vorschrift des BGB könnte es zuwiderlaufen, dass die Absprache zwischen A und L mündlich erfolgte?

Genau: § 125 BGB. Danach ist ein Vertrag nichtig, der der gesetzlich vorgesehenen Form entbehrt. § 57 VwVfG schreibt für öffentlich-rechtliche Verträge aber ausdrücklich die hier fehlende Schriftform vor.

Könnte die Abrede noch aus anderen Gründen nichtig sein?

Es könnte hier auch ein Verstoß gegen § 134 BGB vorliegen (kommentieren Sie sich, sofern nach Ihrer Prüfungsordnung erlaubt, diese Vorschrift neben § 59 I VwVfG!): Danach ist ein Rechtsgeschäft, das gegen ein gesetzliches Verbot verstößt, nichtig. Die entsprechende Anwendung des § 134 BGB über § 59 I VwVfG ist jedoch nicht ganz unproblematisch. Würde man bei jedem Gesetzesverstoß eine Nichtigkeit des öffentlich-rechtlichen Vertrags annehmen, so hätte dies zur Folge, dass alle rechtswidrigen öffentlich-rechtlichen Verträge gleichzeitig unwirksam wären. Dann aber wäre § 59 II VwVfG, der detaillierte Gründe für eine Nichtigkeit vorgibt, überflüssig. Nach herrschender Meinung führt daher nicht jede Rechtsverletzung zur Nichtigkeit des Vertrags, sondern nur ein qualifizierter Rechtsverstoß. Ein solcher liegt insbesondere dann vor, wenn eine Vorschrift ausdrücklich den mit dem Vertrag beabsichtigten rechtlichen oder wirtschaftlichen Erfolg verhindern will.

Mit diesem Fall haben wir es in Beispiel 12 zu tun: § 2 II 1 BBesG richtet sich gerade gegen ein Versprechen zusätzlicher Besoldung. Die Vereinbarung mit dem Behördenleiter ist daher auch gemäß § 59 I VwVfG i.V.m. § 134 BGB nichtig: A darf sich trotz herausragender Leistungen nicht über eine Lohnerhöhung freuen.

Leitsatz 5

!

Nichtigkeit öffentlich-rechtlicher Verträge

1. Die Nichtigkeit öffentlich-rechtlicher Verträge regelt § 59 VwVfG.
2. § 59 II Nr. 1-4 VwVfG enthält einen detaillierten Katalog einzelner Nichtigkeitsgründe (spezielle Nichtigkeitsgründe).
3. § 59 I VwVfG verweist für die Nichtigkeit öffentlich-rechtlicher Verträge darüber hinaus auf die Vorschriften des BGB (allgemeine Nichtigkeitsgründe).
   a. Grundsätzlich kann sich aus allen im BGB genannten Unwirksamkeitsgründen eine Nichtigkeit des öffentlich-rechtlichen Vertrags ergeben (z.B. wegen fehlender Schriftform: § 125 BGB i.V.m. § 57 VwVfG).
   b. § 134 BGB (Nichtigkeit wegen Gesetzesverstoßes) ist jedoch nur eingeschränkt entsprechend anwendbar, da sonst alle wegen eines Gesetzesverstoßes rechtswidrigen öffentlich-rechtlichen Verträge nichtig wären und die Regelung in § 59 II VwVfG überflüssig würde. Eine Nichtigkeit aus § 59 I VwVfG i.V.m. § 34 BGB besteht daher nur bei qualifizierten Rechtsverstößen.

Rechtsverordnung

Frage 13

Gewiss ist Ihnen bekannt, wo die allgemeinen Verhaltensanforderungen im Straßenverkehr geregelt sind: In der StVO. Wer aber hat hier eigentlich Recht gesetzt?

Richtig: Der Bundesverkehrsminister! Ein Verwaltungsorgan also, obwohl nach dem Gewaltenteilungsprinzip die Rechtsetzung doch Aufgabe der Legislative, d.h. der Parlamente ist!

Wie ist das möglich?

Die Legislative kann staatliche Rechtsetzungsgewalt auf die Exekutive delegieren, indem sie diese zum Erlass von Rechtsverordnungen ermächtigt. Im wesentlichen zwei Zwecke werden damit verfolgt: Zum einen sollen die Parlamente von kaum zu bewältigenden Detailregelungen entlastet, zum anderen eine flexiblere Anpassung des Rechts an veränderte Gegebenheiten ermöglicht werden.

Weil die Normsetzungsbefugnis wegen des Gewaltenteilungsprinzips jedoch grundsätzlich bei den Parlamenten liegt, verlangt Art. 80 GG für den Erlass von Rechtsverordnungen durch die Exekutive eine gesetzliche Ermächtigungsgrundlage: Die Entscheidung, wann die Verwaltung Recht setzen darf, verbleibt also letztlich bei den Parlamenten. In der gesetzlichen Ermächtigungsgrundlage sind dabei gemäß Art. 80 I 2 GG (bitte lesen!) Inhalt, Zweck und Ausmaß der Ermächtigung festzulegen. Hierdurch soll der Gesetzgeber veranlasst werden, die genauen Grenzen des der Verwaltung übertragenen Normsetzungsrechts zu überdenken.

Für die StVO findet sich eine solche Ermächtigungsgrundlage wo?

In § 6 StVG. Die Regelung entspricht in ihrer Ausführlichkeit den Anforderungen des Art. 80 I 2 GG in vorbildlicher Weise.

Fazit: Die Verwaltung kann also, sofern vom Gesetzgeber vorgesehen, auch in Form der Rechtsverordnung handeln. In Beispiel 13 hat der Bundesverkehrsminister mit dem Erlass der StVO von einer solchen gesetzlichen Ermächtigung (§ 6 StVG) Gebrauch gemacht.

Satzung

Fall 14

Nach langen Überlegungen und hitzigen Debatten im Gemeinderat steht schließlich fest, wie die Grundstücke der Gemeinde baulich genutzt werden sollen. Die Gemeinde will endlich den lang ersehnten Bebauungsplan aufstellen. Welcher Handlungsform kann sie sich hierzu bedienen?

Die Antwort findet sich in § 10 I BauGB. Bebauungspläne sind von der Gemeinde als Satzung zu beschließen. Satzungen sind Rechtsnormen, die von Selbstverwaltungskörperschaften zur Regelung ihrer eigenen Angelegenheiten erlassen werden. Es kann also nicht etwa jede (dahergelaufene) Behörde eine Satzung erlassen, sondern allein diejenigen juristischen Personen des öffentlichen Rechts, denen ein Recht auf Selbstverwaltung zusteht.

Bedeutendster Bereich ist insofern die durch Art. 28 GG garantierte kommunale Selbstverwaltung durch Gemeinden und Kreise. Aber bspw. auch Universitäten, Industrie- und Handelskammern oder Rundfunkanstalten können im Rahmen der ihnen verliehenen Selbstverwaltungsautonomie Satzungen erlassen. Neben dem Bebauungsplan aus unserem Fall 14 sind wichtige gemeindliche Satzungen etwa die Anschluss- und Benutzungszwangssatzung z.B. für die örtliche Wasserversorgung sowie die Haushalts- oder Abgabensatzung.

Leitsatz 6

!

Rechtsnormenerlass durch die Verwaltung

1. Auch wenn die Normsetzungsbefugnis nach dem Gewaltenteilungsprinzip grundsätzlich der Legislative zusteht, kann auch die Verwaltung in bestimmten Fällen Recht setzen, also eine Vielzahl von Sachverhalten für eine Vielzahl von Personen regeln: Rechtsverordnungen und Satzungen sind, da sie derartige abstrakt-generelle Regelungen mit Außenwirkung enthalten, im materiellen Sinne als „Gesetze" anzusehen.
   Davon zu unterscheiden sind die Gesetze im formellen Sinne: Hiermit sind nur die von den Parlamenten im von der Verfassung vorgesehenen Gesetzgebungsverfahren zustande gekommenen Rechtsnormen gemeint.

2. Sind die von der Verwaltung erlassenen Normen rechtswidrig (etwa weil es einer Rechtsverordnung an der Ermächtigungsgrundlage fehlt oder eine Satzung gegen höherrangiges Recht verstößt), so hat dies grundsätzlich ihre Nichtigkeit zur Folge. Sie entfalten dann keinerlei Rechtswirkung und müssen vom Bürger nicht beachtet werden.

Realakt

Fall 15

Aus Sorge um die Jugend bezeichnet Gemeinderatsmitglied G die in seinem Städtchen neuerdings tätige „Susho"-Gruppierung in einem Radiointerview als „gemeingefährliche Sekte". Wie ist das Handeln des G rechtlich einzuordnen?

G ist hier in der Form des „Realakts“ oder auch „schlichten Verwaltungshandelns“ tätig geworden. Sein Handeln zielte darauf ab, Jugendliche vor einem Eintritt in die „Susho“-Gemeinschaft zu warnen: Realakte sind Handlungen von Hoheitsträgern, die auf einen tatsächlichen Erfolg gerichtet sind. Alle möglichen Verhaltensweisen der Verwaltung lassen sich hierzu zählen: von Berichten und Gutachten über die Erteilung von Schulunterricht oder die Fahrt mit dem Dienstwagen bis hin zum Bau von Verwaltungsgebäuden und öffentlichen Verkehrswegen. Dadurch, dass sie nicht auf einen rechtlichen Erfolg gerichtet sind, unterscheiden sich diese Handlungen von den Rechtsakten der Verwaltung (Verwaltungsakt, Verwaltungsvertrag, Rechtsverordnung und Satzung).

Ist ein Realakt rechtswidrig, kann dies zu Beseitigungs- oder Schadensersatzansprüchen führen: Nimmt bspw. Polizist P dem A rechtswidrig eine Sache weg, kann dieser sie herausverlangen. War die Warnung des G in Fall 15 nicht rechtens, kann die „Susho“-Anhängerschaft Widerruf bzw. Unterlassung fordern.

Verwaltungsvorschriften

Fall 16

Bundesland H stellt in seinem Haushaltsplan Mittel zur Förderung der Entwicklung von Solarenergiezellen bereit. Es wird eine Subventionsrichtlinie ausgearbeitet, nach der die für die Mittelvergabe zuständige Behörde die Förderungsvoraussetzungen im Einzelnen feststellen soll. Die mit der Solarforschung beschäftigten Institute X, Y und Z erhalten Subventionen, Institut A (das die Richtlinienanforderungen auch erfüllt) hingegen nicht. Welche Rechtsnatur hat die Subventionsrichtlinie? Kann A einen Anspruch auf Förderung geltend machen?

Bei der Richtlinie zur Subventionsvergabe handelt es sich um eine sogenannte Verwaltungsvorschrift. Verwaltungsvorschriften sind von einer Behörde an eine nachgeordnete Behörde oder von einem Vorgesetzten an Untergebene gerichtete allgemeine Regelungen zur Verwaltungstätigkeit: Durch sie soll ein einheitliches Handeln der Verwaltung gewährleistet werden. An die sich aufgrund der Verwaltungsvorschriften bildende einheitliche Verwaltungspraxis ist die Verwaltung gemäß Art. 3 I GG gebunden (Selbstbindung der Verwaltung). Ohne sachlichen Grund darf sie nicht von ihr abweichen.

Forschungsinstitut A aus Fall 16 kann zwar nicht die Verletzung der lediglich verwaltungsintern wirkenden Subventionsrichtlinie geltend machen, wohl aber eine Verletzung von Art. 3 I GG: Unter dem Gesichtspunkt der Gleichbehandlung mit X, Y und Z steht A ein Förderungsanspruch gemäß Art. 3 I GG zu.

Leitsatz 7

!

Verwaltungsvorschriften

Verwaltungsvorschriften (in der Praxis oft als „Erlasse" oder „Richtlinien" bezeichnet) sind interne Regelungen zur Vereinheitlichung der Verwaltungstätigkeit. Drei Arten lassen sich unterscheiden:

1. **Norminterpretierende** Verwaltungsvorschriften sollen gewährleisten, dass eine Rechtsnorm von allen nachgeordneten Behörden einheitlich ausgelegt wird.

2. **Normkonkretisierende** Vorschriften sollen einen im Gesetz verwendeten unbestimmten Rechtsbegriff konkretisieren (z.B. bestimmt die umweltrechtliche TA Lärm näher, was eigentlich unter „schädlichen Umwelteinwirkungen" i.S.d. § 3 BImSchG zu verstehen ist).

3. **Ermessensrichtlinien** schließlich sollen bei Entscheidungen, die im Ermessen der Verwaltung stehen, eine einheitliche Ausübung desselben herbeiführen.

Merken Sie sich, dass die Verwaltung an die sich aufgrund der Verwaltungsvorschriften bildende einheitliche Praxis gem. Art. 3 I GG gebunden ist (Stichwort: Selbstbindung der Verwaltung).

Privatrechtliches Handeln der Verwaltung

Fall 17

Die Bürostühle der Ausländerbehörde in S sind nach jahrelanger schweißtreibender Arbeit völlig abgewetzt. Hochstimmung kommt daher unter den Mitarbeitern auf, als die neuen Modelle Marke „Rückenwohl" angeliefert werden. Wie ist die Behörde mit der Anschaffung der Stühle tätig geworden?

Die Ausländerbehörde hat hier mit dem Lieferanten der Bürostühle einen ganz gewöhnlichen Kaufvertrag gemäß den §§ 433 ff. BGB abgeschlossen. Sie hat ebenso wie eine Privatperson am allgemeinen Rechtsverkehr teilgenommen, nichts unterscheidet ihr Handeln von entsprechenden Geschäften eines Bürgers. Solche zur Bedarfsdeckung vorgenommenen Geschäfte nennen sich privatrechtliche Hilfsgeschäfte der Verwaltung. Merken Sie sich das Schlagwort „Staat als Kunde"!

Fall 18

Oberbürgermeister B geht ebenso gerne kurze Wege wie gut speisen. Auf seine Veranlassung hin verpachtet die Gemeinde die Kellerräume des Rathauses an den Inhaber eines gastronomischen Betriebs, der einen – nicht zuletzt wegen seines Stammkunden B – florierenden „Ratskeller" daraus macht. Worauf zielt die Verpachtung des Kellers ab?

Mit der Verpachtung der ansonsten leerstehenden Kellerräume des Rathauses sollen für den Kommunalhaushalt Gewinne erzielt werden: Erwerbswirtschaftliche Betätigung heißt es, wenn der Staat „als Unternehmer" auftritt. Eine solche Teilhabe des Staates am Wirtschaftsleben geschieht häufig noch in viel größerem Rahmen als in unserem Fallbeispiel 18, z.B.: Beteiligung des Landes Niedersachsen an VW, Betrieb staatlicher Bierbrauereien.

Fall 19

Die Stadt S betreibt eine „Straßenbahn Aktiengesellschaft", deren Anteile vollständig der Stadt gehören. Die AG gewährt den Schülern öffentlicher Schulen Tickets zum halben Preis, während von Schülern privater Schulen der Normaltarif verlangt wird. Im lokalen Revolverblatt erhebt Chefredakteur D, stolzer Vater dreier pubertierender Privatschüler, wutschäumend den Vorwurf, dass die Preispolitik der Straßenbahn AG gegen den Gleichheitssatz des Art. 3 I GG verstoße. Dies weist die Straßenbahn AG weit von sich: Als privatrechtlicher Rechtsträger könne sie die Beförderungsverträge nach eigenem Belieben gestalten, ohne dabei an die Grundrechte gebunden zu sein. Ist an dem Vorwurf dennoch etwas dran?

Die Stadt S hat sich hier zur Erfüllung einer öffentlichen Aufgabe (der Gewährleistung eines Personennahverkehrs) einer privaten Rechtsform bedient, indem sie die Straßenbahn AG gründete. Werden öffentliche

Aufgaben in privatrechtlicher Form erfüllt, spricht man von Verwaltungsprivatrecht.

Im Privatrecht gelten die Grundrechte grundsätzlich nicht, sondern gemäß Art. 1 III GG nur im Verhältnis zwischen Staat und Bürger. Hat die Straßenbahn AG als juristische Person des Privatrechts also die besseren Argumente auf ihrer Seite? Nein. Im Bereich des Verwaltungsprivatrechts ist nach h.M. nämlich insoweit eine Ausnahme zu machen: Der Staat soll sich, indem er sich zur Erfüllung öffentlicher Aufgaben privatrechtlicher Formen bedient, nicht seiner Grundrechtsbindung entziehen können („keine Flucht ins Privatrecht“). Für ihn gelten im Rahmen des Verwaltungsprivatrechts daher neben den privatrechtlichen Bestimmungen die Grundrechte, die öffentlich-rechtlichen Zuständigkeitsvorschriften und der Verhältnismäßigkeitsgrundsatz. Die Straßenbahn AG aus Fall 19 ist unmittelbar an Art. 3 I GG gebunden und muss den Gleichheitssatz bei ihrer Tarifgestaltung beachten. Die Lokalpresse hat Recht.

Leitsatz 8

!

Grundrechtsbindung bei privatrechtl. Verwaltungshandeln

1. Tritt der Staat als „Kunde“ (privatrechtliche Hilfsgeschäfte) oder als „Unternehmer“ (erwerbswirtschaftliche Betätigung) auf, so ist er der Rechtsprechung zufolge nicht an die Grundrechte gebunden, da er bei diesen Geschäften nicht als Träger hoheitlicher Aufgaben und unter Einsatz hoheitlicher Mittel agiert.

2. Erfüllt der Staat dagegen öffentliche Aufgaben in privatrechlicher Form (Verwaltungsprivatrecht), soll er sich dabei seiner Grundrechtsbindung nicht entziehen können (keine Flucht ins Privatrecht). Er muss dabei also insbesondere den Gleichheitssatz des Art. 3 I GG beachten.

Wir können damit die Ergebnisse dieser Lektion in Übersicht 3 zusammenfassen.

Übersicht 3: Handlungsformen der Verwaltung

Verwaltungsakt	„klassische" Handlungsform der Verwaltung zur Umsetzung des allgemeinen Rechts auf den Einzelfall
öffentlich-rechtlicher Vertrag	auf dem Gebiet des öffentlichen Rechts getroffene Vereinbarungen; geregelt in den §§ 54 ff. VwVfG
Rechtsverordnung	aufgrund gesetzlicher Ermächtigung von Verwaltung erlassene Rechtsnorm
Satzung	Rechtsnorm, die von Selbstverwaltungskörperschaft zur Regelung ihrer eigenen Angelegenheiten erlassen wird
Realakt	auf tatsächlichen Erfolg gerichtete Handlungen
Verwaltungsvorschriften	von Behörde an nachgeordnete Behörde gerichtete allgemeine Regeln zur Vereinheitlichung der Verwaltungstätigkeit
privatrechtliches Handeln	privatrechtliche Hilfsgeschäfte („Staat als Kunde"), erwerbswirtschaftliche Betätigung („Staat als Unternehmer"), Verwaltungsprivatrecht („Staat als Erfüller öffentlicher Aufgaben")

Lektion 5

Begriff und Arten des Verwaltungsakts

Wie wir in der vorangegangenen Lektion schon gesehen haben, ist der Verwaltungsakt der „Klassiker" unter den verschiedenen Formen des Verwaltungshandelns. Mit ihm kann die Verwaltung als Exekutive ihrer vornehmsten Aufgabe nachkommen, nämlich die von der Legislative in abstrakter Form vorgegebenen Gesetze auf den Einzelfall umzusetzen.

Zentrale Vorschrift zur Beantwortung der Frage, wann ein Verwaltungshandeln einen Verwaltungsakt darstellt, ist § 35 S.1 VwVfG. Aus ihr lassen sich sechs Begriffsmerkmale herauslesen, die einen Verwaltungsakt ausmachen – dazu Übersicht 4.

Übersicht 4: Begriffsmerkmale des Verwaltungsakts gemäß § 35 S. 1 VwVfG

1. Hoheitliche Maßnahme
2. Behörde
3. Gebiet des öffentlichen Rechts
4. Regelung
5. Einzelfall
6. Außenwirkung

Es müssen also diese sechs Merkmale erfüllt sein, damit ein Verwaltungshandeln als Verwaltungsakt angesehen werden kann.

Beginnen wir mit dem ersten:

Hoheitliche Maßnahme

Fall 20

Verkehrspolizist P gebietet dem F per Handzeichen, sein Fahrzeug zum Stehen zu bringen. Ist das Handzeichen als Maßnahme anzusehen?

Eine **Maßnahme** ist jedes zweckgerichtete Verhalten mit Erklärungsgehalt. Für den Maßnahmebegriff ist es dabei völlig unerheblich, ob das Verhalten schriftlich, mündlich, konkludent (z.B. also per Handzeichen) oder auch per automatischer Einrichtung (Verkehrsampel) erfolgt.

Das Haltegebot des P in Fall 20 stellt mithin eine Maßnahme dar. Es ist als Verwaltungsakt anzusehen.

Fall 21

Erinnern Sie sich an Gaststättenbetreiber A aus der vorangegangenen Lektion? Die Bauaufsichtsbehörde wollte sicherstellen, dass vor dem geplanten Athener Stübchen genügend Stellplätze vorhanden sind. Hierzu konnte sie entweder eine Baugenehmigung mit der Auflage, Parkplätze zu errichten, erlassen oder aber einen Vertrag mit A abschließen, in dem sie sich zur Erteilung einer Baugenehmigung gegen Einrichtung der Stellplätze durch A verpflichtete. Welche der beiden Alternativen verdient wohl das Prädikat „hoheitlich"?

Hoheitlich ist eine Maßnahme dann, wenn sie aufgrund eines Über-/Unterordnungsverhältnisses, also einseitig durch einen staatlichen Rechtsträger vorgenommen wird.

In Fall 21 ist allein der Erlass einer Baugenehmigung mit Auflage als hoheitliche Maßnahme und damit als Verwaltungsakt einzuordnen. Bei öffentlich-rechtlichen Verträgen hingegen begibt sich der Hoheitsträger auf eine Gleichordnungsebene zum Bürger, die Vereinbarungen werden einvernehmlich und damit gerade nicht einseitig getroffen. Schließt die Bauaufsichtsbehörde folglich mit A einen Vertrag über die Erteilung einer Baugenehmigung gegen die Errichtung von Stellplätzen ab, so handelt sie nicht hoheitlich und damit nicht in der Form des Verwaltungsakts. Das Begriffsmerkmal „hoheitliche Maßnahme" grenzt den Verwaltungsakt damit von der Handlungsform des öffentlich-rechtlichen Vertrags ab.

Behörde

Fall 22

A hat seinen Kleinwagen tiefergelegt und mit den brandneuen 600 X-Breitreifen ausgestattet. Der Hauptuntersuchung beim TÜV sieht er daher nicht ganz grundlos mit Furcht entgegen. Er erhält jedoch die begehrte Prüfplakette. Ist das Ausstellen der Plakette als behördliches Handeln anzusehen?

Wer als Behörde einzuordnen ist, bestimmt § 1 IV VwVfG: Eine Behörde ist danach jede Stelle, die Aufgaben der öffentlichen Verwaltung wahrnimmt. Die Behördeneigenschaft richtet sich dem VwVfG zufolge also nicht etwa nach dem Organisationsgefüge der Verwaltung, sondern danach, ob Verwaltungsaufgaben erfüllt werden. Das gilt zum einen natürlich für die Ihnen im Ohr bekannt klingenden Namen wie Ausländerbehörde, Gewerbeaufsichtsbehörde, Landesstraßenbehörde, Bundeskriminalamt etc. Aufgrunddessen, dass nach § 1 IV VwVfG jedoch allein die **Funktion, Verwaltungsaufgaben wahrzunehmen**, entscheidend ist, sind Behörden im Sinne dieses Gesetzes **auch die sog. Beliehenen**. Beliehene sind Privatpersonen oder juristische Personen des Privatrechts, die aufgrund gesetzlicher Regelung mit bestimmten hoheitlichen Kompetenzen ausgestattet sind. Sie erfüllen selbstständig und in eigenem Namen bestimmte Verwaltungstätigkeiten. Das trifft sowohl auf den Schornsteinfeger bei der Überprüfung von Schornsteinen wie auch auf den Jagdaufseher bei der Jagdschutzaufsicht in seinem Bezirk zu.

Auch in unserem Fall 22 hat der TÜV – eine juristische Person des Privatrechts – mit der Hauptuntersuchung Verwaltungsaufgaben wahrgenommen. Er ist damit als Behörde im Sinne des § 1 IV VwVfG tätig geworden, das Ausstellen der Prüfplakette stellt einen Verwaltungsakt dar.

Fall 23

B haust in einer Souterrainwohnung. Schon lange ärgert ihn, dass die vor dem Haus geparkten Autos die Sicht auf die gegenüberliegende Ladenzeile samt der von ihm ebenso heiß wie heimlich verehrten Schuhverkäuferin versperren. Eines Tages entschließt sich B kurzerhand, dem unhaltbaren Zustand ein Ende zu bereiten und stellt ein „Absolutes Halteverbot!"-Schild vor seinem Haus auf. Ist in dem Schild ein Verwaltungsakt zu sehen?

Nein. Ergreifen **Privatpersonen** hoheitliche Maßnahmen, so machen sie sich höchstens der Amtsanmaßung verdächtig. Ein behördliches Handeln und damit ggf. einen Verwaltungsakt stellt ihr Verhalten dagegen nicht dar. Das gilt für die Anordnungen des „Hauptmanns von Köpenick" gleichermaßen wie für das Aufstellen eines Parkverbotsschilds durch B.

Ebenso verhält es sich grundsätzlich mit Akten der gesetzgebenden und rechtsprechenden Gewalt: Auch sie sind keine behördlichen Tätigkeiten und damit nicht als Verwaltungsakte einzustufen.

Fazit: Das Merkmal „Behörde“ grenzt den Verwaltungsakt von Handlungen privater Personen wie auch solcher der Legislative und Judikative ab.

Gebiet des öffentlichen Rechts

Wie öffentliches und privates Recht voneinander zu unterscheiden sind, haben Sie gleich zu Beginn des Buchs gelernt. Dass die Verwaltung auch privatrechtlich handeln kann, war Gegenstand der letzten Lektion. Verwaltungsakte können nur solche Maßnahmen sein, die auf dem Gebiet des öffentlichen Rechts ergehen. Privatrechtliches Handeln der Verwaltung kann daher keinen Verwaltungsakt darstellen. Dazu eine kleine Wiederholungsfrage: Welche drei Formen privatrechtlichen Verwaltungshandelns lassen sich nochmal unterscheiden?

Richtig: privatrechtliche Hilfsgeschäfte („Staat als Kunde“), erwerbswirtschaftliche Betätigung („Staat als Unternehmer“), Verwaltungsprivatrecht („Staat als Erfüller öffentlicher Aufgaben“).

Können Sie sich vielleicht sogar noch einiger Beispiele für die jeweiligen Formen privatrechtlichen Verwaltungshandelns entsinnen?

Hier noch einmal deren drei:

1. privatrechtliche Hilfsgeschäfte: z.B. Kauf von Büromaterial

2. erwerbswirtschaftliche Betätigung: bspw. Betrieb einer staatlichen Bierbrauerei

3. Verwaltungsprivatrecht: z.B. Betrieb einer Straßenbahn AG zur Wahrnehmung des öffentlichen Personennahverkehrs

Regelung

Fall 24

A ergötzt sich gerade an seinem soeben erbauten Wochenendhäuschen im Außenbereich der Gemeinde Seiersleben, als Sachbearbeiter S von der örtlichen Bauaufsichtsbehörde auf einer Wanderung des Weges kommt. Über das neue Gemäuer erstaunt, nimmt S Einsicht in seine Unterlagen und stellt dabei fest, dass das Häuschen ohne Baugenehmigung und entgegen den bauplanungsrechtlichen Vorschriften errichtet wurde. Kurze Zeit später hält A eine Abrissverfügung für sein Häuschen in den Händen. Auf was für eine Art von Erfolg ist die Abrissverfügung gerichtet?

Im Hinblick auf die Zielrichtung einer Maßnahme lassen sich zwei Fälle unterscheiden: Entweder ist mit ihr ein tatsächlicher oder aber ein rechtlicher Erfolg bezweckt. Eine Regelung enthalten nur solche Maßnahmen, die auf die Herbeiführung einer Rechtsfolge (d.h. die Begründung, Änderung, Aufhebung oder Feststellung von Rechten und Pflichten) gerichtet sind. Nur Maßnahmen mit einem derartigen Regelungscharakter haben Verwaltungsaktsqualität.

Die Abrissverfügung aus Beispielsfall 24 ist auf die Setzung eines rechtlichen Erfolgs gerichtet, nämlich auf die Begründung der Rechtspflicht, das Wochenendhäuschen abzureißen. Sie enthält damit eine Regelung und ist folglich als Verwaltungsakt anzusehen.

Verwaltungsakte können auf sieben verschiedene Arten von Rechtsfolgen gerichtet sein; Übersicht 5 fasst diese zusammen.

Übersicht 5: Arten von Rechtsfolgen

Verbot:	verbietet ein bestimmtes Verhalten - z.B. Gewerbeuntersagung, Versammlungsverbot
Gebot:	gebietet ein bestimmtes Verhalten - z.B. Abrissverfügung, Ausweisungsverfügung
Rechtsgestaltung:	Neugestaltung eines Rechtsverhältnisses, insbesondere durch Aufhebung einer Erlaubnis - z.B. Widerruf einer Gaststättengenehmigung
Feststellung:	Feststellung einer streitigen Rechtslage - z.B. Anerkennung als Asylberechtigter
Rechtsgewährung:	Einräumung einer Erlaubnis oder Leistung - z.B. Gaststättenerlaubnis, Subventionsbewilligung

Versagung:	Ablehnung einer beantragten Rechtsgewährung - z.B. Ablehnung eines Antrags auf Baugenehmigung
dingliche Regelung:	Regelung der öffentlich-rechtlichen Eigenschaft einer Sache - z.B. Widmung eines befahrbaren Pfades als Straße

Fall 25

Bürgermeister B warnt – nachdem im örtlichen Supermarkt mehrmals Erdbeerjoghurts und Schokoladenbonbons vergiftet worden sind – auf dem Marktplatz vor dem Verzehr jeglicher Genussmittel. Was für eine Art von Erfolg soll diese Maßnahme bewirken?

Wie bereits erwähnt, lassen sich im Hinblick auf die Auswirkung von Maßnahmen zwei Arten unterscheiden: Sie können auf einen rechtlichen oder einen tatsächlichen Erfolg gerichtet sein. Sind sie auf eine Rechtsfolge gerichtet, enthalten sie eine Regelung und sind damit als Verwaltungsakte anzusehen. Sind die Maßnahmen dagegen ausschließlich auf einen tatsächlichen Erfolg gerichtet, sind sie als sog. schlichtes Verwaltungshandeln, als Realakte zu betrachten.

Die Warnung des B in Fall 25 bezweckt allein einen tatsächlichen Erfolg: Die Bürger der Gemeinde sollen von dem Verzehr möglicherweise vergifteter Lebensmittel abgehalten werden. Die Begründung einer Rechtspflicht, derartige Lebensmittel nicht zu sich nehmen zu dürfen, ist damit nicht verbunden. Die Maßnahme des B ist folglich lediglich auf einen tatsächlichen Erfolg gerichtet und damit Realakt.

Sie kennen die Realakte bereits aus der letzten Lektion; auf einen tatsächlichen Erfolg gerichtet sind neben den Warnungen beispielsweise noch sonstige Mitteilungen oder Auskünfte, die Auszahlung von Geld, Dienstfahrten, die Versorgung der Bevölkerung mit Wasser und Strom oder der Schulunterricht. Merken Sie sich hier vor allem Folgendes: Das Begriffsmerkmal „Regelung“ (Rechtsfolge bezweckt) grenzt den Verwaltungsakt von den Realakten (tatsächlicher Erfolg bezweckt) ab.

In einigen Fällen ist die Abgrenzung, ob eine Maßnahme auf einen tatsächlichen oder einen rechtlichen Erfolg gerichtet ist, allerdings nicht ganz einfach vorzunehmen:

Fall 26

Die stadtbekannten Krawallbrüder A, B und C sind auf dem Weg zur Großdemonstration gegen die Rentenkürzung, um die „alten Knacker mal ordentlich aufzumischen". Kurz vor Erreichen des Versammlungsorts werden sie von einem Einsatzwagen der Polizei aufgehalten, die bei ihnen eine Personendurchsuchung auf Waffen und sonstige gefährliche Gegenstände vornimmt. Ist die Personendurchsuchung auf einen tatsächlichen oder einen rechtlichen Erfolg gerichtet?

Insbesondere bei bestimmten Polizeimaßnahmen kann es fraglich sein, auf welche Art von Erfolg sie abzielen. Bei einigen ist es ganz eindeutig ein Rechtserfolg, so z.B. bei der Vorladung, die die Rechtspflicht begründet, auf der Polizeiwache zu erscheinen.

Andere polizeiliche Maßnahmen – wie die Durchsuchung aus unserem Fall 26 – scheinen dagegen in erster Linie auf einen tatsächlichen Erfolg gerichtet zu sein: Mit der Personendurchsuchung sollte schließlich festgestellt werden, ob A, B oder C Waffen oder ähnliche Gegenstände mit sich führten. Dennoch steht die Rechtsprechung auf dem Standpunkt, dass eine Personendurchsuchung eine Regelung enthalte: Sie beinhalte nämlich das konkludente Gebot, die Vornahme der Durchsuchung zu dulden. Sie sei damit auf eine Rechtsfolge gerichtet und aufgrunddessen auch als Verwaltungsakt einzuordnen. Dies nimmt die Rechtsprechung für alle ähnlich gelagerten Fälle an: Der Schlag mit dem Gummiknüppel während der Demonstration etwa enthalte das konkludente Gebot, diesen unmittelbaren Zwang zu dulden.

Resümee: Die Abgrenzung zwischen Verwaltungsakt und Realakt ist in der Regel unproblematisch. Schwierig werden kann es insbesondere in den Fällen polizeilicher Standardmaßnahmen und Vollstreckungsakte: Hier nimmt die Rechtsprechung, obwohl die Maßnahme äußerlich einen rein tatsächlichen Erfolg zu bezwecken scheint, ein konkludentes Duldungsgebot und damit das Vorliegen einer Regelung an.

Fall 27

I pflegt in Klein-Sarau den Sizilien-Fahrstil und versetzt den friedliebenden Ort dadurch schon seit längerem in Angst und Schrecken. Nachdem es bereits einige Male beinahe zu Unfällen gekommen ist und sich ältere Einwohner nicht länger aus dem Hause trauen, fordert die Fahrerlaubnisbehörde den I gemäß § 11 II der Fahrerlaubnisverordnung (FeV) auf, ein ärztliches Gutachten über seine Fahrtüchtigkeit beizubringen. Sie will darüber befinden, ob dem I gegebenenfalls gemäß § 46 I der Fahrerlaubnisverordnung die Fahrerlaubnis entzogen werden muss. Enthält diese Maßnahme eine Regelung?

Die Fahrerlaubnisverordnung werden Sie im Sartorius nicht finden, daher hier zunächst einmal der Wortlaut der genannten Vorschriften: In § 46 I FeV heißt es: „Erweist sich der Inhaber einer Fahrerlaubnis als ungeeignet zum Führen von Kraftfahrzeugen, hat ihm die Fahrerlaubnisbehörde die Fahrerlaubnis zu entziehen ..." § 11 II FeV lautet: „Werden Tatsachen bekannt, die Bedenken gegen die körperliche oder geistige Eignung ... begründen, kann die Fahrerlaubnisbehörde zur Vorbereitung von Entscheidungen ... die Beibringung eines ärztlichen Gutachtens durch den Bewerber anordnen..."

Zur Fallfrage: Damit einer Maßnahme Regelungscharakter zukommt, muss sie auf die Herbeiführung einer Rechtsfolge gerichtet sein. Dies ist nicht der Fall bei lediglich der Vorbereitung einer abschließenden Entscheidung dienenden Maßnahmen. Solche Vorbereitungsakte enthalten keine endgültige Entscheidung und setzen noch keine Rechtsfolge.

In Fall 27 wird der Fahrerlaubnisinhaber I gerade nicht rechtlich verpflichtet, ein ärztliches Gutachten beizubringen. Die Aufforderung zur Beibringung des Gutachtens dient vielmehr nur dazu, die Frage zu klären, ob dem I die Fahrerlaubnis gemäß § 46 I FeV zu entziehen ist oder nicht. Sie bereitet die abschließende Entscheidung über die Entziehung der Fahrerlaubnis folglich nur vor. Bringt der I das Gutachten nicht bei, so kann dies lediglich als Indiz seiner Ungeeignetheit zum Führen eines Kraftfahrzeugs gewertet werden. Die Anordnung, das ärztliche Gutachten beizubringen, ist als bloßer Vorbereitungsakt mangels Regelung daher kein Verwaltungsakt. Ein Verwaltungsakt ist nur die abschließende Entscheidung über die Entziehung der Fahrerlaubnis selbst.

Das Merkmal „Regelung“ spielt in Prüfungen nicht selten eine Rolle. Daher hier nochmal ein zusammenfassender Merksatz:

Leitsatz 9

!

Begriff der Regelung

Eine Regelung im Sinne von § 35 S.1 VwVfG enthalten nur solche Maßnahmen, die auf die Herbeiführung einer **Rechts**folge gerichtet sind.

Die Regelung ist abzugrenzen vom:
- Realakt, der auf einen tatsächlichen Erfolg gerichtet ist
- Vorbereitungsakt, der eine endgültige Entscheidung erst vorbereitet und noch keine endgültige Rechtsfolge setzt.

Einzelfall

Nur, wenn eine Maßnahme zur Regelung eines „Einzelfalls“ ergeht, ist sie gemäß § 35 S.1 VwVfG als Verwaltungsakt anzusehen.

Fall 28

A betreibt eine Spielhölle. Um eine Erlaubnis hierfür hat er sich nicht weiter gekümmert. Dennoch verwundert es ihn, als die zuständige Behörde gemäß § 15 II GewO – Sartorius Nr. 800 – die Schließung seines Betriebs verfügt. Liegt hier ein Einzelfall vor?

Der Normalfall eines „Einzelfalls“ im Sinne des § 35 S.1 VwVfG ist derjenige der konkret-individuellen Regelung. „Konkret“ ist eine Regelung, wenn sie einen bestimmten einzelnen Sachverhalt regelt. „Individuell“ ist sie dann, wenn sie eine einzelne, bestimmte Person betrifft.

In unserem Beispielsfall 28 liegt eine solche Einzelfallregelung vor: Die Schließungsverfügung betrifft einen einzelnen Sachverhalt, nämlich den Betrieb eines Spielhallengewerbes. Es handelt sich demnach um eine konkrete Regelung. Auch ist sie nur an eine einzige bestimmte Person, nämlich den A gerichtet. Die Regelung ist also auch als individuell anzusehen. Die von der Behörde vorgenommene Maßnahme „Gewerbeuntersagung“ regelt folglich einen Einzelfall. Sie ist als Verwaltungsakt zu qualifizieren.

Fall 29

Gemeinde A erlässt eine Satzung, nach der pro Wellensittich und Jahr 50 Euro Wellensittichsteuern abzuführen sind. Wie viele Sachverhalte regelt die Satzung und an wie viele Personen richtet sie sich?

Das Gegenstück zum Einzelfall bildet die abstrakt-generelle Regelung. „Abstrakt" ist eine Regelung, wenn sie sich auf eine unbestimmte Vielzahl von Sachverhalten bezieht. Als „generell" wird eine Regelung dann bezeichnet, wenn sie sich an eine unbestimmte Vielzahl von Personen wendet.

Übersicht 6: Regelungsinhalt eines Verwaltungsakts

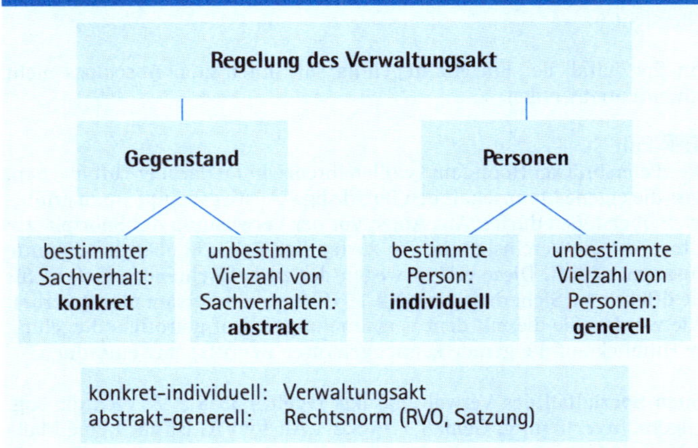

Die Wellensittich-Satzung aus Fall 29 regelt eine unbestimmte Vielzahl von Sachverhalten, nämlich die Verpflichtung aller Wellensittich-Besitzer, die neu eingeführte Steuer abzuführen. Sie stellt sich folglich als abstrakte Regelung dar. Darüber hinaus richtet sie sich an alle Wellensittich-Besitzer der Gemeinde, mithin an eine unbestimmte Vielzahl von Personen (Stichwort: generell). Die Satzung ist demnach als abstrakt-generelle Regelung anzusehen. Neben den Satzungen gilt dies auch für die Rechtsverordnungen (erinnern Sie sich noch an diese aus der letzten Lektion?): Auch sie regeln eine unbestimmte Vielzahl von Sachverhalten für eine unbestimmte Vielzahl von Personen.

Abstrakt-generelle Regelungen bilden, wie bereits dargelegt, den Gegensatz zur Einzelfallregelung. Sie sind folglich keine Verwaltungsakte. Sie werden vielmehr als Rechtsnormen bezeichnet. Merken Sie sich also Folgendes: Das Merkmal „Einzelfall" grenzt den Verwaltungsakt von den von der Verwaltung erlassenen Rechtsnormen (Rechtsverordnung, Satzung) ab. Sie treffen im Gegensatz zum Verwaltungsakt abstrakt-generelle Regelungen.

Die insoweit relevanten Begriffe noch einmal im überblicksweise in Übersicht 6.

Ein Spezialfall der Einzelfallregelung soll Ihnen zum Abschluss nicht vorenthalten werden:

Fall 30

Die „Petersbrücker Hooligans" wollen ihrem Unmut darüber Luft machen, dass die eigene Mannschaft den Bezirksliga-Abstiegskampf kaum erfolgreich überstehen dürfte. Aus Angst vor der Verwüstung des Sportplatzes informiert die Vereinsleitung die zuständige Behörde über die geplante Zusammenkunft. Diese erlässt wegen der zu befürchtenden Gefahr für die öffentliche Sicherheit gemäß § 15 II VersG ein Versammlungsverbot. Wie würden Sie die mit dem Versammlungsverbot getroffene Regelung im Hinblick auf die gerade kennengelernten Begriffspaare einordnen?

Einen Spezialfall des Verwaltungsakts regelt § 35 S.2 VwVfG: die sog. Allgemeinverfügung. Gemäß § 35 S.2 1.Alt VwVfG ist auch eine Maßnahme als Verwaltungsakt anzusehen, die sich „an einen nach allgemeinen Merkmalen bestimmten oder bestimmbaren Personenkreis richtet". Gemeint sind also Maßnahmen, die einen bestimmten Sachverhalt (konkret), aber eine Vielzahl von Personen (generell) betreffen.
Eine solche konkret-generelle Regelung ist in dem Versammlungsverbot zu sehen: Sie betrifft einen bestimmten Sachverhalt (die geplante Versammlung auf dem Vereinssportplatz) und eine Vielzahl von Personen, nämlich die Mitglieder der „Petersbrücker Hooligans". Das Versammlungsverbot ist eine (adressatenbezogene) Allgemeinverfügung im Sinne von § 35 S.2 VwVfG und damit Verwaltungsakt. Auch das Handzeichen

des Polizisten aus dem Eingangsfall dieser Lektion ist übrigens eine Allgemeinverfügung. Er regelt damit die konkrete Verkehrssituation für eine Vielzahl von Verkehrsteilnehmern.

Neben der adressatenbezogenen Allgemeinverfügung, die eine konkret-generelle Regelung enthält, gibt es noch zwei weitere Arten von Allgemeinverfügungen: Die sachbezogene Allgemeinverfügung und die beuntzungsregelnde Allgemeinverfügung. Dazu die Übersicht 7:

Übersicht 7: Allgemeinverfügungen gemäß § 35 S.2 VwVfG	
1. personenbezogen	konkrete Regelung für generellen Adressatenkreis - z.B. Versammlungsverbot
2. sachbezogen	gebietet ein bestimmtes Verhalten - z.B. Abrissverfügung, Ausweisungsverfügung
3. benutzungsregelnd	Regelung der Benutzung einer Sache durch die Allgemeinheit - z.B. Halteverbotsschild

Außenwirkung

Gleich haben Sie es geschafft: Mit der Außenwirkung widmen wir uns jetzt dem letzten Merkmal eines Verwaltungsakts!

Fall 31

Beamter B kann seinen Nachbarn N nicht besonders gut riechen. Zu allem Überfluss plant dieser nunmehr auch noch den Bau einer Zusatzgarage für das gerade neu angeschafften Maserati-Coupé. Umso mehr freut sich B ob seiner Sachbearbeiterposition in der Bauaufsichtsbehörde darauf, dem Bauantrag des N den Garaus zu machen. Behördenleiter A macht ihm jedoch einen Strich durch die Rechnung: Er weist B an, dem Bauantrag des N stattzugeben. In welchem Bereich wirkt sich die Weisung des A aus? Ist sie als Verwaltungsakt anzusehen?

Um als Verwaltungsakt eingeordnet werden zu können, muss einer Maßnahme Außenwirkung zukommen. Außenwirkung hat eine Maßnahme dann, wenn ihre Rechtsfolgen gegenüber einer außerhalb der Verwaltung stehenden natürlichen oder juristischen Person eintreten. Es scheiden damit solche Maßnahmen aus dem Verwaltungsaktsbegriff aus, deren unmittelbare Rechtswirkungen sich auf den Innenbereich der Verwaltung beschränken.

Lediglich verwaltungsinterne Regelungen sind zum einen die innerdienstlichen Weisungen, zum anderen die Verwaltungsvorschriften. Verwaltungsvorschriften – allgemeine Vorgaben für die Verwaltungstätigkeit – können sozusagen als vorformulierte innerdienstliche Weisungen betrachtet werden.

Die Weisung des A an seinen Untergebenen B aus Fall 31, dem Bauantrag des N zu entsprechen, entfaltet unmittelbare Rechtswirkungen nur innerhalb des verwaltungsinternen Bereichs. Ihr kommt daher keine Außenwirkung zu. Sie ist also kein Verwaltungsakt.

Fall 32

Beamter B wird nach Jahren aus seiner Sicht höchst verdienstvoller Tätigkeit wegen eines (ebenso aus seiner Sicht) geringfügigen Vergehens vorzeitig entlassen. Hat die Maßnahme „Entlassung“ Außenwirkung?

In der Regel ist die Abgrenzung zwischen dem Verwaltungsakt als Maßnahme mit Außenwirkung und den verwaltungsinternen Regelungen nicht weiter problematisch. Dass etwa das Ergehen einer Abrissverfügung oder eines Versammlungsverbots unmittelbare Rechtswirkung gegenüber dem Bürger entfaltet, ist einleuchtend. Schwierigkeiten kann die Abgrenzung allerdings in den sogenannten Sonderstatusverhältnissen bereiten: In bestimmten Fällen stehen Personen in einer besonders engen Beziehung zum Staat: In diesen Sonderstatusverhältnissen befinden sich etwa Schüler, Strafgefangene oder Beamte. Im Hinblick darauf, wann eine ihnen gegenüber ergehende Maßnahme Außenwirkung entfaltet, muss differenziert werden: Ist die Maßnahme auf die Regelung persönlicher Rechte und Pflichten des Beamten oder Schülers gerichtet, so kommt ihr Außenwirkung zu. Betrifft sie etwa den Beamten dagegen nur in seiner Stellung als Amtsträger, fehlt es der Maßnahme an Außenwirkung.

Im Beispielsfall 32 ist B entlassen worden. Betroffen ist durch die Maßnahme Entlassung seine persönliche Rechtsstellung, ihr kommt folglich Außenwirkung zu. Anders ist es bei der Weisung aus dem vorhergehenden Fall, dem Bauantrag stattzugeben. Der dort angewiesene Beamte ist lediglich in seiner internen Stellung als Amtsträger berührt, die Weisung hat (wie schon erwähnt) keine Außenwirkung.

Puh, es ist vollbracht! Abschließend noch die kleine Übersicht 8 zu den einzelnen Merkmalen des Verwaltungsakts und den Handlungsformen, zu denen jeweils abzugrenzen ist:

Übersicht 8: Abgrenzung des Verwaltungsakts vom übrigen Verwaltungshandeln

Verwaltungsakts-Merkmal	**Abgrenzung zu**
hoheitliche Maßnahme	öffentlich-rechtliche Verträge
Behörde	Handlungen privater Personen, Handlungen von Legislative und Judikative
Gebiet des öffentlichen Rechts	privatrechtliches Handeln: privatrechtliche Hilfsgeschäfte („Staat als Kunde"), erwerbswirtschaftliche Betätigung („Staat als Unternehmer"), Verwaltungsprivatrecht („Staat als Erfüller öffentlicher Aufgaben")
Regelung	Realakte
Einzelfall	Rechtsverordnung, Satzung
Außenwirkung	Verwaltungsvorschriften, interne Weisungen

Lektion 6

Wirksamkeit eines Verwaltungsakts

Fall 33

Beamter B und sein Nachbar N sind bis aufs Blut verfeindet. Die Freude des B ist daher nicht gering, als auf seinem Schreibtisch eine für die marode Garage des N bestimmte Abrissverfügung landet. Noch am selben Abend sucht er dessen Stammkneipe auf und verkündet ihm freudig, dass „der Schandfleck unseres Viertels" nunmehr abgerissen werden müsse. Muss N seine Garage abreißen?

Voraussetzung dafür, dass ein Verwaltungsakt überhaupt vom Bürger befolgt werden muss, ist seine Wirksamkeit. Die Wirksamkeit eines Verwaltungsakts bestimmt sich nach § 43 VwVfG: Der Verwaltungsakt muss bekanntgegeben worden (Absatz 1 Satz 1) und darf nicht nichtig (Absatz 3) sein. Die Wirksamkeit des Verwaltungsakts endet mit seiner Erledigung (Abs. 2). Dazu die Übersicht 9:

Übersicht 9: Wirksamkeit von Verwaltungsakten	
1. Beginn der Wirksamkeit:	Bekanntgabe des Verwaltungsakts, § 43 I VwVfG; kein Eintritt der Wirksamkeit jedoch bei Nichtigkeit gemäß § 43 III i.V.m. § 44 VwVfG
2. Ende der Wirksamkeit:	Erledigung, § 43 II VwVfG

Beginn der Wirksamkeit: Bekanntgabe, § 43 I VwVfG

Voraussetzung für die Wirksamkeit eines Verwaltungsakts ist gemäß § 43 I VwVfG, dass er demjenigen, für den er bestimmt ist oder der von ihm betroffen wird, bekanntgegeben wird. Die Bekanntgabe im Sinne des § 41 VwVfG ist dabei grundsätzlich formlos möglich (Ausnahme: spezielle Form gesetzlich vorgeschrieben); sie muss jedoch amtlich durch die zuständige Behörde erfolgen. Nicht ausreichend ist daher etwa die rein private Mitteilung eines Beamten.

Die Abrissverfügung ist dem N in Fall 33 demnach mit der Verkündigung durch B in der Kneipe nicht ordnungsgemäß bekanntgegeben worden; er muss seine Garage erst abreißen, wenn ihm der Verwaltungsakt von der Behörde ordnungsgemäß übersandt worden ist.

In aller Regel wird die Bekanntgabe aber ordnungsgemäß erfolgen. Der Verwaltungsakt wird dann wirksam. Eine Ausnahme hierzu bilden allein die Fälle der Nichtigkeit des Verwaltungsakts gemäß § 43 III VwVfG i.V.m. § 44 VwVfG:

Nichtigkeit gemäß § 44 VwVfG

Fall 34

Dem G ist eine behördliche Erlaubnis für den Betrieb einer Peep-Show erteilt worden. Ist der Verwaltungsakt nichtig? Wenn ja, weshalb?

Die Gründe, aufgrund derer ein Verwaltungsakt nichtig sein kann, sind in § 44 VwVfG abschließend aufgezählt. Bitte beachten Sie insoweit stets: Zwischen Rechtswidrigkeit und Nichtigkeit eines Verwaltungsakts ist strikt zu trennen. Die Rechtswidrigkeit eines Verwaltungsakts allein führt nicht zu dessen Nichtigkeit; vielmehr sind auch rechtswidrige Verwaltungsakte grundsätzlich wirksam und müssen vom Bürger befolgt werden, es sei denn, sie werden von Behörde oder Gericht aufgehoben. Ein nichtiger Verwaltungsakt hingegen entfaltet keinerlei Rechtswirkungen und braucht vom Bürger nicht beachtet zu werden.

§ 44 II VwVfG zählt eine Reihe von Fällen auf, in denen ein Verwaltungsakt zwingend nichtig ist: sog. absolute Nichtigkeitsgründe. Nach Nr.1 sind schriftliche oder elektronische Verwaltungsakte nichtig, die die erlassende Behörde nicht erkennen lassen. Grund für diese Regelung ist: Der Betroffene kann sich nicht gegen den Verwaltungsakt wehren, da er nicht weiß, woher er kommt. Ein Beispiel für § 44 II Nr.2 VwVfG ist die Beamtenernennung ohne Ernennungsurkunde (vgl. § 6 II 1 BBG, Sartorius Nr. 160). Nr.3 betrifft Mängel der örtlichen Zuständigkeit, Nr.4 Fälle der tatsächlichen Unmöglichkeit, Nr.5 ein Verlangen nach strafbarer Handlung und Nr.6 den Verstoß gegen die guten Sitten.

Letzterer käme im Fall 34 in Betracht. Ein Verstoß gegen die guten Sitten liegt vor, wenn das „Anstandsgefühl aller billig und gerecht Denkenden" verletzt wird. Gehören Sie zu diesem Personenkreis? Überwiegende Auffassung ist jedenfalls, dass der Betrieb einer Peep-Show gegen die guten Sitten verstößt. Die Erlaubnis ist demnach nichtig.

Fall 35

Die achtzehnjährige Frau F erhält einen Einberufungsbescheid zum Wehrdienst. Wirksam?

Gemäß § 44 I VwVfG ist ein Verwaltungsakt dann nichtig, wenn er an einem besonders schwerwiegenden, offensichtlichen Fehler leidet: sog. relative Nichtigkeit. Die Offensichtlichkeit des Fehlers ist zu bejahen, wenn dieser ohne juristische oder sonstige Fachkenntnisse ersichtlich ist: Dem Verwaltungsakt muss der Fehler sozusagen „auf der Stirn geschrieben stehen".

Der Einberufungsbescheid für Frau F aus Fall 35 verstößt ganz offensichtlich gegen Art. 12a GG, dem zufolge ausschließlich Männer vom vollendeten achtzehnten Lebensjahr an zum Dienst in den Streitkräften verpflichtet werden können. Der Bescheid ist daher gemäß § 44 I VwVfG nichtig.

Zu den Nichtigkeitsgründen des § 44 VwVfG eine Zusammenfassung in Übersicht 10.

Übersicht 10: Nichtigkeit gemäß § 44 VwVfG

1. **absolute Nichtigkeit** gemäß § 44 II VwVfG
   - Nr.1: Fehlende Behördenerkennbarkeit bei schriftlich erlassenen VA
   - Nr.2: Unterbleiben vorgeschriebener Urkundenaushändigung
   - Nr.3: Mängel der örtlichen Zuständigkeit
   - Nr.4: Tatsächliche Unmöglichkeit
   - Nr.5: Verlangen strafbarer Handlung
   - Nr.6: Verstoß gegen gute Sitten

2. **relative Nichtigkeit** gemäß § 44 I VwVfG
   - Offenkundiger, besonders schwerwiegender Fehler

Ende der Wirksamkeit

Fall 36

Ausländer A wird eine bis zum 1.1. befristete Aufenthaltserlaubnis erteilt. Nicht wirklich schwierige Frage: Bis wann ist die Aufenthaltserlaubnis wirksam?

Gemäß § 43 II VwVfG bleibt ein Verwaltungsakt solange wirksam, wie er nicht zurückgenommen, widerrufen, anderweitig aufgehoben, durch Zeitablauf oder auf andere Weise erledigt ist. Seine Wirksamkeit endet also mit seiner Erledigung. Diese kann gemäß § 43 II VwVfG eintreten durch

- Alt.1,2: Zurücknahme oder Widerruf, also Aufhebung durch die Behörde
- Alt.3: anderweitige Aufhebung, etwa in einem Widerspruchsverfahren
- Alt.4: Zeitablauf
- Alt.5: anderweitige Erledigung.

Im Beispielsfall 36 endet die Wirksamkeit der Aufenthaltsgenehmigung des A am 1.1. Dann hat sich der Verwaltungsakt durch Zeitablauf erledigt.

Sehen Sie sich noch einmal die Übersichten an! Zur Wirksamkeit von Verwaltungsakten sollte Ihnen im Gedächtnis bleiben, wann diese beginnt und endet. Darüber hinaus sollten Sie die Nichtigkeitsgründe des § 44 VwVfG im Überblick kennen.

Lektion 7

Rechtmäßigkeit von Verwaltungsakten

Fall 37

X betreibt ein Gewerbe, zahlt aber schon jahrelang keine Steuern mehr. Behörde B will eine Gewerbeuntersagung aussprechen. Was muss sie beachten, um diesen Verwaltungsakt rechtmäßigerweise zu erlassen?

Die Rechtsordnung stellt bestimmte Anforderungen an den Erlass eines Verwaltungsakts. Nur wenn er allen diesen Anforderungen entspricht, ist er rechtmäßig. Verstöße gegen die Rechtsordnung machen ihn dagegen fehlerhaft und damit rechtswidrig.

Für die Rechtmäßigkeit eines Verwaltungsakts ist dreierlei vonnöten. Erstens: Er muss grundsätzlich auf einer gesetzlichen Rechtsgrundlage beruhen. Zweitens: Er muss in formeller Hinsicht fehlerlos sein, d.h. es muss die zuständige Behörde tätig geworden sein; diese muss zudem sämtliche Verfahrens- und Formanforderungen beachtet haben. Drittens: Er muss den materiellen Anforderungen der Rechtsgrundlage genügen. Das bedeutet, dass deren Tatbestandsvoraussetzungen vorliegen müssen und die behördlich gewählte Rechtsfolge in der Rechtsgrundlage vorgesehen sein muss. Dazu die Übersicht 11:

Übersicht 11: Rechtmäßigkeit eines Verwaltungsakts – Voraussetzungen

I. Rechtsgrundlage	II. formelle Rechtmäßigkeit	III. materielle Rechtmäßigkeit
	1. Zuständigkeit 2. Verfahren 3. Form	1. Tatbestand 2. Rechtsfolge

Prägen Sie sich diese Übersicht gut ein! Sie wird Ihnen im Bereich des Verwaltungsrechts immer wieder begegnen!

Im Ausgangsfall 37 benötigt die Behörde, um eine rechtmäßige Gewerbeuntersagung auszusprechen, also Folgendes: Zunächst eine gesetzliche Grundlage, die sich in § 35 I 1 GewO (Sartorius Nr. 800) findet. Die Behörde muss weiterhin zuständige Gewerbeaufsichtsbehörde sein, den Gewerbetreibenden X vorher anhören (Verfahren) und etwaige Formanforderungen beachten. Darüber hinaus müssen die Tatbestandsvoraussetzungen des § 35 I 1 GewO vorliegen: X muss also unzuverlässig sein. Dies ist hier aufgrund der Nichtabführung der Steuern gegeben.

Schließlich muss die Rechtsfolge „Gewerbeuntersagung" in der Vorschrift vorgesehen sein. Auch dies ist der Fall. Liegen sämtliche genannten Voraussetzungen vor, kann die Behörde den Verwaltungsakt rechtmäßigerweise erlassen.

Sehen wir uns die einzelnen Rechtmäßigkeitsvoraussetzungen einmal genauer an:

Rechtsgrundlage

Fall 38

Bundesbeamter B wird seinem Vorgesetzten V zu aufmüpfig. Dieser überlegt daher, ob er B auf eine andere Stelle versetzen könnte. Wonach muss er zuerst suchen?

Die Versetzung eines Beamten ist ein Verwaltungsakt. Für dessen Rechtmäßigkeit ist grundsätzlich eine Rechtsgrundlage erforderlich (Vorbehalt des Gesetzes). V muss sich also auf die Suche nach einer Rechtsgrundlage begeben, die die Versetzung eines Beamten gestattet. Findet sich keine Vorschrift, deren Rechtsfolge die beabsichtigte Handlung zulässt, darf ein Verwaltungsakt mit diesem Inhalt nicht erlassen werden.

Das Erfordernis einer gesetzlichen Grundlage ergibt sich aus dem Gesetzesvorbehalt, den wir bereits in Lektion 3 kennengelernt haben. Die Verwaltung darf die Voraussetzungen ihres Eingreifens nicht selbst festlegen, sondern muss ihr Handeln vielmehr grundsätzlich auf eine gesetzliche Grundlage stützen können.

Zu Fall 38: V wird in § 18 I 1 BRRG (Beamtenrechtsrahmengesetz – Sartorius Nr. 150) fündig. Dieser lautet: „Der Beamte kann ... versetzt werden, wenn ..." Die von V ins Auge gefasste Rechtsfolge ist in § 18 I 1 BRRG also enthalten, eine Rechtsgrundlage für die Versetzung eines Beamten damit vorhanden. Dass deren Voraussetzungen (dienstliches Bedürfnis) allein aufgrund des Revoluzzertums des B kaum gegeben sein werden, ist eine andere Frage.

Fall 39

Die Versammlungsbehörde will wegen der Gefahr von Ausschreitungen den geplanten Aufmarsch von Rechtsextremisten in der Kölner Innenstadt verhindern. Auf welcher Rechtsgrundlage kann sie dies tun? Überlegen Sie erst einmal selbst!

Vorüberlegung der Verwaltung beim Erlass eines Verwaltungsakts muss – wie wir gesehen haben – stets sein, auf welche Rechtsfolge dieser gerichtet sein soll: Welcher rechtliche Erfolg soll herbeigeführt werden?

Ist sich die Verwaltung hierüber klar geworden, kann sie die Suche nach einer Rechtsgrundlage beginnen: Welche gesetzliche Vorschrift sieht die gewünschte Regelung vor?

Im Beispielsfall 39 möchte die Behörde eine Versammlung verbieten. Sie wird also zunächst einmal das naheliegendste Gesetz durchsehen, das Versammlungsgesetz (Sartorius Nr. 435). Und siehe da, bereits dort wird sie auch fündig: Gemäß § 15 I VersG kann die zuständige Behörde „die Versammlung ... verbieten ..., wenn ...“. Eine Rechtsgrundlage ist damit gefunden. Bei § 15 I VersG handelt es sich um eine sogenannte gefahrenabwehrrechtliche Eingriffsgrundlage. Die Vorschrift will eine Gefährdung der öffentlichen Sicherheit (etwa durch Ausschreitungen) verhindern. Bei behördlichen Eingriffen durch Verwaltungsakte dreht es sich ganz häufig um Gefahrenabwehr. Hierzu lassen sich sowohl in Bundesgesetzen (GewO, GastG, BImSchG, StVO etc.) wie auch in den Polizeigesetzen der Länder etliche Rechtsgrundlagen finden.

Formelle Rechtmäßigkeit

In formeller Hinsicht ist ein Verwaltungsakt rechtmäßig, wenn er unter Beachtung von Zuständigkeits-, Verfahrens- und Formvorschriften erlassen worden ist.

Zuständigkeit

Fall 40

Dem Ausländer A soll eine Aufenthaltserlaubnis erteilt werden. Welche Behörde ist dafür gemäß § 71 I 1 AufenthG (Sartorius Nr. 565) zuständig?

Ein Verwaltungsakt muss von der jeweils zuständigen Behörde erlassen worden sein, ansonsten ist er rechtswidrig. Fehler können insofern in sachlicher oder örtlicher Hinsicht auftreten.

Die sachliche Zuständigkeit besteht, wenn die geregelte Angelegenheit zu den der Behörde zugewiesenen Aufgaben gehört; sie betrifft also den gegenständlichen Aufgabenbereich einer Behörde. So werden etwa Straßenverkehrsangelegenheiten gemäß § 44 I 1 StVO von den Straßenverkehrsbehörden wahrgenommen. Die örtliche Zuständigkeit betrifft die Frage nach dem räumlichen Tätigkeitsbereich einer Behörde. Ist in Spezialvorschriften keine Regelung enthalten, richtet sich die örtliche Zuständigkeit nach § 3 VwVfG.

Zu Fall 40: Für die Erteilung eines Aufenthaltstitels ist gemäß § 71 I AufenthG die „Ausländerbehörde" zuständig. Bei diesem Begriff handelt es sich lediglich um eine Funktionsbezeichnung. Welche Behörde sich tatsächlich dahinter verbirgt, ergibt sich erst aus dem jeweiligen Landesrecht. Das AufenthG wird gemäß Art. 83 GG von den Ländern als eigene Angelegenheit ausgeführt. Sie regeln daher durch eigene Zuständigkeitsvorschriften, welche Behörde diese Aufgabe gegenständlich und örtlich wahrnimmt.

Verfahren

Fall 41

B hat geerbt und will eine Villa am Starnberger See errichten. Aufgrund seines Postens als Sachbearbeiter der dortigen Bauaufsichtsbehörde würde der eigene Baugenehmigungsantrag auf seinem Schreibtisch landen. Kann B über den eigenen Antrag entscheiden?

Die formelle Rechtmäßigkeit des Verwaltungsakts setzt weiterhin voraus, dass das für dessen Erlass vorgesehene Verfahren eingehalten wurde. Einer ausführlicheren Darstellung des Verwaltungsverfahrens ist Lektion 9 gewidmet.

Im Regelfall gilt dabei gemäß § 10 VwVfG der Grundsatz der Nichtförmlichkeit des Verwaltungsverfahrens: Die Behörde kann das Verfahren so gestalten, wie sie es für zweckmäßig hält. Trotz dieses Grundsatzes enthält die Rechtsordnung einige verfahrensrechtliche Vorgaben, die von behördlicher Seite zu beachten sind. Zu ihnen gehört beispielsweise § 20 VwVfG, der die Ausschließung von Personen behandelt: § 20 VwVfG zufolge dürfen bestimmte Personen in einem Verwaltungsverfahren nicht für die Behörde tätig werden. Auf Behördenseite mitwirken darf danach insbesondere nicht, wer selbst Beteiligter, Angehöriger oder Arbeitnehmer eines Beteiligten ist. Die Vorschrift soll – ganz klar – Interessenkonflikten zuvorkommen.

Als Bauantragssteller ist B in Fall 41 gemäß § 13 I Nr.1 VwVfG Beteiligter des Baugenehmigungsverfahrens. Über seinen Bauantrag darf er gemäß § 20 I 1 Nr.1 VwVfG nicht selbst entscheiden, vielmehr muss er sich jeder Einflussnahme auf das Verfahren enthalten. Tut er dies nicht, ist eine später erlassene Baugenehmigung formell rechtswidrig.

Fall 42

Der Gemeinde G ist das exzentrische Haus des Künstlers K ein Dorn im Auge. Vor allem aber ist dessen Standsicherheit nicht länger gewährleistet, seit K mehrere tragende Grundmauern entfernen ließ. Die Gemeinde will daher den Abbruch des Gebäudes verfügen. Was muss sie zuvor tun?

Eine bedeutende Verfahrensvorgabe, die die Behörden bei Erlass belastender Verwaltungsakte zu beachten haben, ist die Anhörung Beteiligter gemäß § 28 I VwVfG. Der Vorschrift zufolge muss den Beteiligten, in deren Rechte der Verwaltungsakt eingreifen wird, vorab Gelegenheit zur Äußerung gegeben werden. Erst danach darf der Verwaltungsakt erlassen werden. Von dieser Verfahrensanforderung kann nur ausnahmsweise abgesehen werden (vgl. § 28 II VwVfG).

Zu Fall 42: Grundsätzlich muss Gemeinde G, bevor sie eine Abrissverfügung erlässt, den K demnach gemäß § 28 I VwVfG anhören. Davon könnte sie ausnahmsweise gemäß § 28 II Nr.1 VwVfG absehen, wenn bereits Personen- oder Sachschäden durch die fehlende Standsicherheit des Gebäudes drohen.

Form

Fall 43

Verkehrspolizist P bringt den Wagen des F per Handzeichen zum Stehen. Hat P die an die Form eines Verwaltungsakts zu stellenden Anforderungen beachtet?

Hinsichtlich der Form eines Verwaltungsakts enthält § 37 II 1 VwVfG eine grundlegende Regelung: Danach kann ein Verwaltungsakt schriftlich, elektronisch, mündlich oder in anderer Weise erlassen werden. Es gilt also der Grundsatz der Formfreiheit, d.h. der Erlass von Verwaltungsakten ist prinzipiell nicht an eine bestimmte Form gebunden.

Bei dem Handzeichen des P aus Fall 43 handelt es sich um einen Verwaltungsakt, da es eine Einzelfallregelung mit Außenwirkung im Sinne des § 35 S.1 VwVfG darstellt. Wegen des Grundsatzes der Formfreiheit konnte P das Haltegebot an F per Handzeichen erlassen.

Fall 44

Ausländer A erhält eine schriftlich abgefasste Ausweisungsverfügung ohne jegliche Begründung. Ist die Ausweisungsverfügung formgemäß ergangen?

Zwar gilt für Verwaltungsakte grundsätzlich das Prinzip der Formfreiheit. Doch bestehen teilweise Vorschriften, die eine bestimmte Form für den Erlass eines Verwaltungsakts zwingend vorschreiben. So darf gemäß § 6 BBG (Bundesbeamtengesetz – Sartorius Nr. 160) eine Beamtenernennung nur durch Aushändigung einer Urkunde bestimmten Inhalts erfolgen. Schriftlich ergangene Verwaltungsakte bedürfen gemäß § 39 I VwVfG generell einer Begründung. Damit sollen dem Bürger Inhalt und Gründe der Entscheidung erläutert sowie die Möglichkeit zu deren Überprüfung gegeben werden. Bestehen derartige Formanforderungen, so müssen sie auch beachtet werden; ansonsten ist der erlassene Verwaltungsakt formell rechtswidrig.

Gemäß § 77 I 1 AufenthG – Sartorius Nr. 565 – ist eine Ausweisungsverfügung schriftlich zu verfassen. Dies ist im Beispielsfall 44 geschehen. Doch fehlt es an der gemäß § 39 I VwVfG nötigen Begründung der Verfügung. Sie ist daher formell fehlerhaft.

Folgen formeller Fehler

Fall 45

Behörde B hat die Gaststättenerlaubnis des A widerrufen, ohne ihn zuvor anzuhören. Sie befürchtet nunmehr, dass der Verwaltungsakt rechtswidrig sein könnte, und fragt sich, ob sie die Anhörung auch nachträglich noch vornehmen könnte. Wissen Sie die Antwort?

Folge eines formellen Fehlers ist grundsätzlich die Rechtswidrigkeit des Verwaltungsakts. Für einige formelle Fehler soll dies nach dem Willen des Gesetzgebers jedoch nicht gelten. So können bestimmte Verfahrens- und Formfehler gemäß § 45 VwVfG geheilt werden. Zudem können formelle Fehler gemäß § 46 VwVfG unbeachtlich sein.

Eine Heilung von Verfahrens- bzw. Formfehlern kommt nach § 45 VwVfG in Betracht, wenn die fehlenden Handlungen nachgeholt werden. Aus dem bis dahin rechtswidrigen Verwaltungsakt wird dann ein rechtmäßiger. Praktisch bedeutsam ist insofern vor allem die Möglichkeit der Nachholung einer fehlenden Anhörung gemäß § 45 I Nr.3 VwVfG. Diese kann nach § 45 II VwVfG bis zum Abschluss der letzten Tatsacheninstanz eines verwaltungsgerichtlichen Verfahrens nachgeholt werden. Wehrt sich also der Betroffene gegen einen Verwaltungsakt, kann die Behörde die Anhörung selbst während des Gerichtsverfahrens noch nachholen.

Die Behörde B kann dem A folglich in Fall 45 auch nach Erlass des Verwaltungsakts Gelegenheit zur Äußerung geben. Die bis dahin bestehende Rechtswidrigkeit des Widerrufs der Gaststättenerlaubnis wird dann geheilt.

Fall 46

Das anfangs blühende Lederwarengeschäft des L geht wegen dessen Alkoholkonsums immer weiter zugrunde. L verfällt im Rausch oft in Aggressivität und hat schon mehrere Mitarbeiter körperlich angegriffen. Der Bruder des L arbeitet in der Gewerbeaufsichtsbehörde und hofft, dass L nach Geschäftsaufgabe eine Entziehungskur beginnen werde. Zur Beschleunigung des Ganzen verfügt er eine Gewerbeuntersagung gemäß § 35 I 1 GewO (Sartorius Nr. 800). Ist der Verwaltungsakt rechtswidrig?

Ist die Heilung eines formellen Fehlers nach § 45 VwVfG nicht möglich, so kann dieser dennoch nach § 46 VwVfG unbeachtlich sein. Verwaltungsakte können vom Bürger mit Rechtsbehelfen (etwa Widerspruch und Anfechtungsklage) angegriffen werden; sind sie rechtswidrig, so müssen sie aufgehoben werden. Dies gilt jedoch nicht bei Fehlern, die gemäß § 46 VwVfG unbeachtlich sind: Die Aufhebung allein wegen solcher Fehler rechtswidriger Verfügungen kann der Vorschrift zufolge nicht beansprucht werden. Voraussetzung ist, dass der Fehler die Entscheidung in der Sache offensichtlich nicht beeinflusst hat.

Zu Fall 46: An der Entscheidung über die Gewerbeuntersagung gegen L hat eine gemäß § 20 I 1 Nr.2 VwVfG ausgeschlossene Person mitgewirkt. Es liegt also ein Verfahrensfehler vor. Da L aufgrund seines Alkoholkonsums jedoch tatsächlich unzuverlässig war, hätte die Behörde auch ohne den Verfahrensfehler nicht anders entscheiden können: Bei Unzuverlässigkeit „ist“ gemäß § 35 I 1 GewO nämlich stets eine Gewerbeuntersagung auszusprechen (sofern dies zum Schutz der Beschäftigten erforderlich ist, was hier auch der Fall war). Zwar bleibt der Verwaltungsakt rechtswidrig. Selbst wenn L gegen ihn vorginge, könnte er dessen Aufhebung jedoch allein wegen des Verstoßes gegen § 20 VwVfG nicht verlangen.

Materielle Rechtmäßigkeit

Um rechtmäßig zu sein, muss ein Verwaltungsakt auch den materiellen Anforderungen der Rechtsordnung genügen. Materiell rechtswidrig ist er, wenn die von ihm getroffene Regelung inhaltlich gegen eine Rechtsvorschrift verstößt. Zum einen müssen die Tatbestandsvoraussetzungen der Rechtsgrundlage des Verwaltungsakts vorliegen, zum anderen muss die von der Behörde gesetzte Rechtsfolge von der Vorschrift gedeckt sein.

Tatbestandsvoraussetzungen

Fall 47

Dem Lederwarenhändler L aus dem vorangegangenen Fall wurde die Fortführung seines Gewerbes auf der Grundlage des § 35 I 1 GewO untersagt. Welche Voraussetzungen müssen erfüllt sein, damit eine Gewerbeuntersagung ergehen darf?

Befugnisse zu Eingriffen oder Leistungsgewährung durch Verwaltungsakt sind in zahlreichen gesetzlichen Regelungen zu finden. Sie knüpfen diese Befugnis jeweils an das Vorliegen bestimmter Tatbestandsvoraussetzungen: Ein Verwaltungsakt kann nicht „einfach mal so“ erlassen werden. § 35 I 1 GewO legt die Voraussetzungen fest, unter denen eine Gewerbeuntersagung auszusprechen ist. Es müssen danach Tatsachen vorliegen, die die Unzuverlässigkeit des Gewerbetreibenden dartun; zudem muss die Untersagung zum Schutz der Allgemeinheit oder der im Betrieb Beschäftigten erforderlich sein.

Beide Voraussetzungen sind im Beispielsfall 47 gegeben: L ist unzuverlässig, weil er aufgrund seines Alkoholkonsums nicht die Gewähr dafür bietet, sein Gewerbe zukünftig ordnungsgemäß zu betreiben. Zudem hatte er bereits mehrfach Mitarbeiter körperlich angegriffen, so dass die Untersagung auch zum Schutz der im Betrieb Beschäftigten erforderlich war.

Rechtsfolge

Liegen die Tatbestandsvoraussetzungen der Rechtsgrundlage vor, so ist der Verwaltungsakt damit noch nicht als rechtmäßig anzusehen: Auch die von der Behörde gewählte Rechtsfolge muss von der Ermächtigungsgrundlage gedeckt sein.

Leitsatz 10

!

Rechtsfolge eines Verwaltungsakts
Zwei Arten von Rechtsfolgeentscheidungen lassen sich unterscheiden:

1. **gebundene Entscheidungen**: Bei Vorliegen der Tatbestandsvoraussetzungen muss die gesetzlich vorgesehene Rechtsfolge ergehen.

2. **Ermessensentscheidungen**: Bei Vorliegen der Tatbestandsvoraussetzungen hat die Behörde die Wahl, ob bzw. welche Rechtsfolge sie setzt.

Fall 48

Noch ein letztes Mal zum Lederwarenhändler L: War die Rechtsfolge „Gewerbeuntersagung" in seinem Fall zwingend auszusprechen?

Sogenannte gebundene Entscheidungen liegen vor, wenn die Rechtsgrundlage die Behörde bei Vorliegen der Tatbestandsvoraussetzungen zur Anordnung einer bestimmten Rechtsfolge verpflichtet. Die im Gesetz vorgesehene Rechtsfolge ist zwingend zu treffen; wird von der Behörde eine andere Rechtsfolge angeordnet, so ist die Verfügung rechtswidrig.

Einmal noch wollen wir für Fall 48 den schon arg strapazierten § 35 I 1 GewO in dieser Lektion bemühen: Ist der Gewerbetreibende unzuverlässig und die Untersagung zum Schutz der Allgemeinheit bzw. der Beschäftigten erforderlich, so „ist" das Gewerbe von der zuständigen Behörde zu untersagen. Bei Vorliegen der Tatbestandsvoraussetzungen hat die Behörde also nicht die Wahl. Sie muss vielmehr eine Gewerbeuntersagung aussprechen.

Fall 49

A steht im Verdacht, sich durch eine Ausreise in den Libanon seiner Wehrpflicht entziehen zu wollen. Die Behörde entzieht ihm daher gemäß § 8 i.V.m. § 7 I Nr.8 PassG (Sartorius Nr. 250) den Ausweis. Stand der Behörde insofern ein Entscheidungsspielraum zu?

Den Gegensatz zu den gebundenen Entscheidungen bilden die sogenannten Ermessensentscheidungen: Ermessen besteht, wenn die Rechtsgrundlage der Behörde bei Vorliegen der Tatbestandsvoraussetzungen die Wahl zwischen mehreren Rechtsfolgen lässt. Die Möglichkeit, eine Rechtsfolge zu wählen, drückt das Gesetz durch Formulierungen wie „kann", „ist berechtigt" o.Ä. aus.

Die Verwaltung soll dadurch in die Lage versetzt werden, die Besonderheiten des Einzelfalls zu berücksichtigen. Wie in Lektion 4 ausgeführt, treffen die Gesetze allgemein geltende, abstrakt-generelle Regelungen. Mit dem Erlass eines Verwaltungsakts setzt die Verwaltung dieses allgemeine Recht für den Einzelfall um. Ermessen ermöglicht ihr, zu einer für den Einzelfall sachgerechten Lösung zu gelangen.

Zwei Arten von Ermessen sind dabei zu differenzieren: Entschließungsermessen und Auswahlermessen. Entschließungsermessen eröffnet der Behörde die Wahl, ob sie überhaupt tätig wird oder untätig bleibt. Beim Auswahlermessen kann die Behörde entscheiden, auf welche Art und Weise sie tätig werden will. Sie kann also wählen, welche von verschiedenen Möglichkeiten sie gegen welche Person ergreifen möchte.

Zu Fall 49: Gemäß § 8 PassG „kann" die Behörde bei Vorliegen der Tatbestandsvoraussetzungen dem Passinhaber seinen Ausweis entziehen. Sie kann demnach eine Abwägung des Für und Wider vornehmen und dann eine entsprechende Entscheidung treffen. § 8 PassG billigt ihr insofern Entscheidungsspielraum zu.

Fall 50

Beamter B entzieht dem ausreisewilligen Wehrpflichtigen W den Pass, weil er dessen Gesicht nicht leiden kann. Was ist hier falsch gelaufen?

Räumt die Rechtsgrundlage der Behörde Ermessen ein, so ist diese dennoch in ihren Entscheidungen nicht völlig frei. § 40 VwVfG bestimmt vielmehr, dass sie ihr Ermessen dem Zweck der Ermächtigung entsprechend auszuüben und dabei die gesetzlichen Grenzen des Ermessens einzuhalten hat. Tut sie dies nicht, begeht sie einen Ermessensfehler, der die Rechtswidrigkeit des Verwaltungsakts zur Folge hat.

Im Beispielsfall 50 hat B das Ermessen nicht dem Zweck der Ermächtigung des § 8 PassG entsprechend ausgeübt. § 8 i.V.m. § 7 I Nr.8 PassG dient dazu, Wehrpflichtige daran zu hindern, sich ins Ausland abzusetzen. Er darf nicht etwa dazu missbraucht werden, dem Wehrpflichtigen aus persönlicher Antipathie zu schaden. B hat ermessensfehlerhaft gehandelt. Der Passentzug ist rechtswidrig.

Einen Überblick über die Ermessensfehler bietet Übersicht 12.

Übersicht 12: Ermessensfehler

Ermessensunterschreitung	Ermessensfehlgebrauch	Ermessensüberschreitung
▼	▼	▼
Eingeräumtes Ermessen wird nicht ausgeübt	Ermessensbetätigung läuft Zweck der Ermächtigung zuwider	Gesetzliche Grenzen des Ermessens werden überschritten

Ermessensunterschreitung

Fall 51

Der Verein Anarchos Mainz e.V., landesweit für seine Radikalität bekannt, plant eine Demo. Die zuständige Versammlungsbehörde meint, die Versammlung aufgrund der abzusehenden Gefahr für die öffentliche Sicherheit verbieten zu müssen. Richtig?

Unterschreitet die Behörde das ihr von einer Rechtsgrundlage eingeräumte Ermessen, so ist der erlassene Verwaltungsakt rechtswidrig. Eine Ermessensunterschreitung liegt zum einen dann vor, wenn die Behörde von dem ihr zustehenden Ermessen überhaupt keinen Gebrauch macht, etwa weil sie die Entscheidung irrig für gebunden hält. Aber auch die Konstellation, dass die Behörde ihren Ermessensspielraum zwar erkennt, jedoch zulässige Entscheidungsalternativen nicht in die Abwägung einbezieht, gehört hierher.

Verbietet die zuständige Behörde in Fall 51 die Versammlung, weil sie meint, dies bei einer Gefahr für die öffentliche Sicherheit tun zu „müssen", so handelt sie ermessensfehlerhaft. § 15 I VersG (Sartorius Nr. 435) spricht nämlich ausdrücklich von „kann": Der Behörde ist ein Ermessensspielraum eingeräumt, den sie wahrzunehmen hat. Glaubt sie, das Versammlungsverbot erlassen zu müssen, ist dieser Verwaltungsakt wegen Ermessensunterschreitung rechtswidrig.

Ermessensfehlgebrauch

Fall 52

Jungunternehmer J beantragt einen Existenzgründungszuschuss. Beamter B erteilt ihm diesen aus purer Sympathie. Der schneidige J hatte sich auf dem Amt von seiner Schokoladenseite gezeigt. Mögliche Ermessensfehler?

Der Ermessensfehler „Ermessensfehlgebrauch" liegt insbesondere dann vor, wenn die Behörde bei ihrer Entscheidung Umstände berücksichtigt, die nicht dem Zweck der Vorschrift entsprechen. Dies kann etwa darauf beruhen, dass sie den Zweck der Regelung verkennt oder dass zweckfremde Motive wie Freundschaft, Antipathie, Ausländerhass o.Ä. in die Willensbildung eingeflossen sind.

Der Bewilligungsbescheid aus Fall 52 für den Existenzgründungszuschuss ist aufgrund Fehlgebrauchs des Ermessens – B handelte aus Sympathie – folglich fehlerhaft.

Ermessensüberschreitung

Fall 53

R genießt ein Leben auf der Überholspur. Zahllose Geschwindigkeitsüberschreitungen führen dazu, dass ihm schließlich der Führerschein entzogen wird. R weigert sich, ihn herauszugeben. Die zuständige Behörde meint, man müsse ihn dazu endlich zwingen, und setzt aufgrund des VwVG (Sartorius Nr. 112) ein Zwangsgeld in Höhe von 20.000 Euro fest. Korrekt?

Die Behörde überschreitet die gesetzlichen Grenzen des Ermessens, wenn sie eine Rechtsfolge wählt, die in der gesetzlichen Rechtsgrundlage nicht vorgesehen ist. Hält sich der Verwaltungsakt also nicht in dem von der Vorschrift vorgegebenen Rahmen, liegt ein Ermessensfehler – sogenannte Ermessensüberschreitung – vor.

Zu Fall 53: Die Festsetzung eines Zwangsgelds stellt einen Verwaltungsakt dar, der im Ermessen der Behörde liegt (vgl. § 11 I VwVG: „kann"). Gemäß § 11 III VwVG darf das Zwangsgeld jedoch nur bis zu einer gewissen Höhe festgesetzt werden. Der Betrag von 20.000 Euro geht weit darüber hinaus. Die Zwangsgeldfestsetzung ist daher wegen Ermessensüberschreitung fehlerhaft.

Fall 54

Der Schadstoffausstoß der Anlage des U führt dazu, dass die Dächer der anliegenden Häuser bereits mit Ruß bedeckt sind. Die Behörde verfügt daher den Einbau eines bestimmten Schadstofffilters. Dieser ist jedoch gar nicht in der Lage, den Ausstoß zu erfassen. Könnte hier eine Ermessensüberschreitung vorliegen?

Gemäß Art. 20 III GG ist die Verwaltung an Recht und Gesetz gebunden. Zu den gesetzlichen Grenzen des Ermessens gehören daher auch die Grundrechte sowie das übrige Verfassungsrecht. Auch wenn die behördlich gewählte Rechtsfolge gegen Grundrechte oder Verfassungsgrundsätze verstößt, liegt demzufolge eine Ermessensüberschreitung vor.

Die wichtigste verfassungsrechtliche Grenze des Ermessens ist dabei der Grundsatz der Verhältnismäßigkeit. Dieser besagt, dass Belastungen des Bürgers nicht in jedem Umfang zulässig sind, sondern nur insofern, als sie zur Durchsetzung legitimer öffentlicher Interessen geeignet, erforderlich und angemessen sind. Jeder belastende Verwaltungsakt, auf den dies nicht zutrifft, ist wegen Ermessensüberschreitung fehlerhaft.

Leitsatz 11

!

Grundsatz der Verhältnismäßigkeit

1. **Geeignetheit**: Der Verwaltungsakt muss den gewünschten Erfolg zumindest fördern.
2. **Erforderlichkeit**: Der Behörde darf zur Erreichung ihres Ziels keine ebenso wirksame, aber weniger belastende Maßnahme zur Verfügung stehen.
3. **Angemessenheit**: Der Verwaltungsakt darf nicht zu Nachteilen führen, die zu dem erstrebten Zweck außer Verhältnis stehen.

Merken Sie sich die drei Stichwörter Geeignetheit, Erforderlichkeit, Angemessenheit!
Ist der Grundsatz der Verhältnismäßigkeit nicht gewahrt, ist der Verwaltungsakt wegen Ermessensüberschreitung rechtswidrig.

Der Verwaltungsakt muss zur Erreichung des von der Behörde verfolgten Zwecks zunächst geeignet sein. Das ist er, wenn der Zweck durch die angeordnete Maßnahme zumindest gefördert wird. Dies ist in aller Regel der Fall, es sei denn, der Verwaltungsakt ist ausnahmsweise zur Erreichung des angestrebten Ziels völlig untauglich.

Zu Beispielsfall 54: Der Einbau des Filters in die Anlage des U vermag den Schadstoffausstoß gar nicht zu verringern. Die behördliche Anordnung ist daher ungeeignet. Der Verwaltungsakt ist wegen Verstoßes gegen den Verhältnismäßigkeitsgrundsatz rechtswidrig.

Fall 55

100.000 Menschen versammeln sich, um friedlich für den Klimaschutz zu demonstrieren. In ihrer Mitte befinden sich drei Störenfriede, die während der Demonstration Fensterscheiben einschlagen. Die Polizei löst die gesamte Versammlung auf. Ist die Versammlungsauflösung rechtmäßig?

Der Grundsatz der Verhältnismäßigkeit verlangt neben der Geeignetheit des Verwaltungsakts dessen Erforderlichkeit. **Erforderlich** ist ein Verwaltungsakt, wenn der Behörde keine ebenso wirksame, aber mildere Maßnahme zur Verfügung steht. Die Verwaltung muss sich also fragen, ob ihr Handlungsalternativen zur Verfügung stehen und ob diese zur Erreichung des Ziels gleich wirkungsvoll, für den Bürger aber weniger belastend sind.

Die Auflösung einer Versammlung von 100.000 Menschen wegen dreier Randalierer wie in Fall 55 ist nicht erforderlich. Die Polizei hätte die drei Verantwortlichen vielmehr aus der Menschenmenge herausgreifen können. Dies wäre ein milderes, aber ebenso wirkungsvolles Mittel gewesen, um die Störungen zu beenden.

Fall 56

A hat seine Luxusvilla um 1,5 Zentimeter zu nah an die Grundstücksgrenze seines Nachbarn gebaut. Da dies der erteilten Baugenehmigung zuwiderläuft, verfügt die Baubehörde den Abriss des Gebäudes. Rechtmäßig?

Selbst wenn ein Verwaltungsakt geeignet und erforderlich ist, ist dem Verhältnismäßigkeitsgrundsatz damit noch nicht Genüge getan: Er muss auch **angemessen** sein. Unangemessen ist er dann, wenn er zu Nachteilen führt, die zu dem verfolgten Zweck außer Verhältnis stehen. Die Schwere des Eingriffs muss also mit der Gewichtigkeit des angestrebten Ziels verglichen werden. Besteht ein **offensichtliches Missverhältnis**, d.h. ist der Eingriff viel schwerer als der Zweck bedeutsam, so ist die Maßnahme unangemessen.

Zurück zu Fall 56: Die Anordnung des Abrisses der Villa - allein aufgrund der um anderthalb Zentimeter zu nah an die Grundstücksgrenze reichenden Bebauung - ist unverhältnismäßig. Zwischen verfolgtem Zweck und Schwere des Eingriffs besteht ein krasses Missverhältnis. Wegen des Verstoßes gegen den Verhältnismäßigkeitsgrundsatz ist der Verwaltungsakt ermessensfehlerhaft und damit rechtswidrig.

So, nicht gerade wenig zu verdauen...
Leitsätze und Übersichten dieser Lektion sollten Ihnen auf jeden Fall geläufig sein. Das gilt vor allem für das Prüfungsschema zur Rechtmäßigkeit eines Verwaltungsakts: Prägen Sie es sich noch einmal ein!

Lektion 8

Aufhebung von Verwaltungsakten

Fall 57

Urbayer B hat für seine Kneipe nahe der dänischen Grenze eine Gaststättenerlaubnis erhalten. Als der Hefeweizen-Konsum unter den Nordfriesen auch nach mehreren Wochen nicht merklich zugenommen hat, beginnt B mit der Veranstaltung illegaler, aber weitaus einträglicherer Glücksspiele. Die zuständige Behörde bekommt hiervon durch A, der bereits mehrere Monatseinkommen am Tisch gelassen hat, Wind. Sie entzieht dem B daraufhin die Gaststättenerlaubnis. Durfte sie das?

Ein einmal erlassener Verwaltungsakt muss nicht bis in alle Ewigkeit bestehen bleiben. Die Behörde kann ihn auch wieder aufheben; entsprechende Regelungen finden sich entweder in Spezialvorschriften oder im VwVfG.

In Fall 57 richtet sich die Aufhebung der Gaststättenerlaubnis nach § 15 II GastG (Sartorius Nr. 810). Die Erlaubnis musste widerrufen werden, da B wegen der Veranstaltung unerlaubten Glückspiels als im Sinne des § 4 I Nr. 1 GastG unzuverlässig anzusehen war. § 15 GastG stellt eine Spezialvorschrift für die Aufhebung eines Verwaltungsakts (nämlich einer Gaststättenerlaubnis) dar. Sind derartige Vorschriften in einem speziellen Gesetz enthalten, verdrängen sie die allgemeinen Vorschriften des VwVfG.

Fall 58

Hundehalterverein H ist laut seines Pressesprechers über die neuerliche Erhöhung der Hundesteuer in der Gemeinde G „not amused". Die Vereinsmitglieder kündigen an, samt ihrer kleinen Freunde auf dem Rathausplatz demonstrieren zu wollen. Die Behörde fürchtet einen Kampfhundeaufmarsch und erlässt wegen der zu erwartenden Gefährdung der öffentlichen Sicherheit gemäß § 15 I VersG (Sartorius Nr. 435) ein Versammlungsverbot. Als sich herausstellt, dass es sich bei den Vereinsmitgliedern ausschließlich um Zwergpinscher-Liebhaber handelt, hebt die Behörde das Verbot wieder auf. Nach welchen Normen richtet sich die Aufhebung des Versammlungsverbots?

Für die Aufhebung eines Versammlungsverbots sind – wie in den meisten Fällen – keine speziellen Vorschriften einschlägig; sie richtet sich daher nach den allgemeinen Aufhebungsvorschriften der §§ 48, 49 VwVfG. Wie unschwer zu erkennen (und im ersten Moment wohl auch ein wenig abschreckend), handelt es sich bei diesen um sehr gesprächige Vorschriften. Der Vorteil ist: Es steht eigentlich alles drin, sie wollen nur aufmerksam durchgelesen werden.

Als erstes bemerkt man anhand der Überschriften, dass es zwei Arten der Aufhebung von Verwaltungsakten gibt: Zum einen die Rücknahme (§ 48 VwVfG), zum anderen den Widerruf (§ 49 VwVfG). Die Rücknahme kommt, wie sich der Überschrift weiter entnehmen lässt, bei rechtswidrigen Verwaltungsakten in Betracht, der Widerruf für rechtmäßige.

Leitsatz 12

!

Aufhebung von Verwaltungsakten gemäß §§ 48, 49 VwVfG

Greifen keine Spezialvorschriften ein, so richtet sich die behördliche Aufhebung von Verwaltungsakten nach den §§ 48, 49 VwVfG. Sie regeln, unter welchen Voraussetzungen die Behörde einen erlassenen Verwaltungsakt wieder aufheben darf.
Zu unterscheiden ist dabei danach, ob der Verwaltungsakt rechtswidrig oder rechtmäßig war:
- § 48 VwVfG regelt die Rücknahme eines rechtswidrigen Verwaltungsakts
- § 49 VwVfG regelt den Widerruf eines rechtmäßigen Verwaltungsakts

Zurück zu Fall 58: Das Versammlungsverbot war rechtswidrig, da keine Gefährdung der öffentlichen Sicherheit vorlag. Da keine Spezialvorschrift eingreift, richtet sich die Aufhebung des Verbots nach § 48 VwVfG.

Rücknahme eines rechtswidrigen belastenden Verwaltungsakts

Fall 59

Das Halteverbotsschild in der Altstadtstraße des B wird trotz seiner Einträglichkeit entfernt. B freut sich, endlich vor dem eigenen Haus parken zu können. Politesse P hat jedoch noch die alte Halteverbotsregelung im

Kopf und verpasst dem Wagen ein Knöllchen. Als das Gefährt sich auch am nächsten Tag noch an Ort und Stelle befindet, veranlasst sie eine Abschleppmaßnahme. B erhält hierfür einen Kostenbescheid. Als die Behörde die Fehlerhaftigkeit des Bescheids erkennt, möchte sie ihn gerne aufheben. Geht das?

Ist der aufzuhebende Verwaltungsakt rechtswidrig, richtet sich seine Aufhebung nach der Vorschrift des § 48 VwVfG. Innerhalb dieser Regelung müssen Sie danach unterscheiden, ob es sich um einen begünstigenden oder einen belastenden Verwaltungsakt handelt.

Wann ein Verwaltungsakt als begünstigend anzusehen ist, ergibt sich aus § 48 I 2 VwVfG: Immer dann, wenn er ein Recht oder einen rechtlichen Vorteil begründet oder bestätigt; zum Beispiel: Genehmigungserteilung, Einbürgerung oder Beamtenernennung. Belastende Verwaltungsakte sind dagegen solche, die die Rechte des Adressaten in irgendeiner Weise einschränken: Versammlungsverbot, Abrissverfügung, Ablehnung einer Baugenehmigung etc. Rechtswidrige belastende Verwaltungsakte können gemäß § 48 I VwVfG jederzeit frei zurückgenommen werden. Die Rücknahme kann sowohl für die Zukunft als auch für die Vergangenheit erfolgen.

Den Kostenbescheid gegen B für die zu Unrecht erfolgte Abschleppmaßnahme aus Fall 59 kann die Behörde demnach gemäß § 48 I VwVfG wieder aufheben.

Rücknahme eines rechtswidrigen begünstigenden Verwaltungsakts

Fall 60

Sozialhilfeempfänger S beheizt seine Wohnung nach eigenen Angaben mit einem Kohleofen. Er erhält von der Behörde per Bewilligungsbescheid monatlich 30 Kilo Kohlen zugeteilt. Als der Behörde auffällt, dass S falsche Angaben gemacht hat (in Wahrheit verfügt seine Wohnung über eine voll funktionsfähige Gasheizung), will sie den Bescheid aufheben. Darf sie das?

Soll ein begünstigender rechtswidriger Verwaltungsakt zurückgenommen werden, so darf dies gemäß § 48 I 2 VwVfG nur unter den Einschränkungen der Absätze zwei bis vier geschehen. Dadurch soll berücksichtigt werden, dass der Bürger grundsätzlich auf den Bestand der Begünstigung vertraut.

Die Absätze zwei und drei des § 48 VwVfG differenzieren danach, ob dem Betroffenen eine Geld- bzw. Sachleistung oder eine sonstige Begünstigung gewährt wurde. Hat der zurückzunehmende Verwaltungsakt die Gewährung einer Geld- oder Sachleistung zum Gegenstand, so gilt § 48 II VwVfG: Er darf nicht zurückgenommen werden, soweit der Begünstigte tatsächlich auf den Bestand des Verwaltungsakts vertraut hat und das Vertrauen schutzwürdig ist.

Zunächst ist insofern zu klären, ob das Vertrauen des Bürgers überhaupt schutzwürdig ist: Dies ist gemäß § 48 II 3 VwVfG nicht der Fall bei Erwirkung des VA durch Täuschung, Drohung oder Falschangaben bzw. Kenntnis des Begünstigten von der Rechtswidrigkeit des Verwaltungsakts. Liegt ein solcher Ausschlussgrund nicht vor, ist eine Abwägung des Vertrauens mit dem öffentlichen Interesse an der Aufhebung des rechtswidrigen Verwaltungsakts vorzunehmen. Diese fällt regelmäßig zugunsten des Begünstigten aus, wenn er die ihm gewährte Leistung bereits verbraucht hat (§ 48 II 2 VwVfG).

Im Ausgangsfall 60 hat S den Bewilligungsbescheid durch falsche Angaben erwirkt. Er kann sich daher gemäß § 48 II 3 Nr.2 VwVfG nicht auf Vertrauen berufen. Die Behörde kann den Verwaltungsakt zurücknehmen. Bereits erbrachte Leistungen kann sie sodann nach § 49a VwVfG zurückfordern.

Fall 61

Behörde B hat dem A zu Unrecht öffentliche Fördermittel für die Entwicklung von Solarfahrzeugen gewährt. Als sie ihren Fehler erkennt, denkt sie darüber nach, ob sie den Bewilligungsbescheid zurücknehmen sollte. Kann sie die Rücknahme zu einem beliebigen Zeitpunkt vornehmen oder muss eine Frist beachtet werden?

Wie gerade erwähnt, sind begünstigende Bescheide nur unter den Einschränkungen des § 48 II-IV VwVfG rücknehmbar. Absatz vier enthält eine Fristenregelung, die dem Schutz des Bürgers dient. Nach Ablauf einer gewissen Zeit soll dieser auf den Bestand des begünstigenden Verwaltungsakts vertrauen können. Die Rücknahme ist nur innerhalb eines Jahres seit dem Zeitpunkt zulässig, in dem die Behörde von Tatsachen Kenntnis erhalten hat, die die Rücknahme rechtfertigen. Der Rechtsprechung zufolge handelt es sich dabei um eine Entscheidungsfrist: Sie beginnt erst dann zu laufen, wenn die Behörde alles ermittelt hat, was für eine sachgerechte Aufhebungsentscheidung erforderlich ist. So müssen der Behörde vor allem auch die Tatsachen bekannt sein, die im Rahmen der Abwägung zwischen Vertrauensschutz und öffentlichem Aufhebungsinteresse (§ 48 II VwVfG) relevant sind.

Hat Behörde B aus dem Beispiel 61 auch diese Umstände ermittelt, so beginnt die Frist zu laufen. Sie hat dann noch ein Jahr Zeit, um über eine Rücknahme nachzudenken.

Fall 62

Bauherr B hat für sein Wochenendhäuschen in der Lüneburger Heide eine Baugenehmigung erhalten. Erst nachdem er mit den Bauarbeiten begonnen hat, erkennt die Behörde, dass die Genehmigung wegen Verstoßes gegen Vorschriften des Bauplanungsrechts rechtswidrig war. Sie nimmt die Bauerlaubnis daher zurück. Ist das in Ordnung? Kann B Ersatz für die bereits getätigten Investitionen verlangen?

§ 48 III VwVfG behandelt die Fälle begünstigender Verwaltungsakte, die nicht auf die Gewährung einer Geld- oder teilbaren Sachleistung gerichtet sind. Diese sogenannten sonstigen begünstigenden Verwaltungsakte können ohne weitere Einschränkungen (nur die Frist des § 48 IV VwVfG gilt auch hier) zurückgenommen werden. Nimmt die Behörde den Verwaltungsakt zurück, so muss sie dem Betroffenen allerdings den Vermögensnachteil ausgleichen, den dieser im Vertrauen auf den Bestand des Bescheids erlitten hat. § 48 III VwVfG gewährt also keinen Bestandsschutz, sondern lediglich Vermögensschutz: Der Verwaltungsakt kann ohne weitere Einschränkungen zurückgenommen werden. Der Betroffene ist in der Regel zu entschädigen.

Zur Lösung von Fall 62: Die Rücknahme der Bauerlaubnis – eines sonstigen begünstigenden Verwaltungsakts – war also rechtmäßig. B kann jedoch für seine bereits in Baumaterialien etc. getätigten Investitionen Entschädigung verlangen.

Widerruf eines rechtmäßigen belastenden Verwaltungsakts

Fall 63

K betreibt eine Imbissbude und beschäftigt schon jahrelang einen Angestellten, der schwarz und unterhalb der Mindestlohngrenze für ihn schuftet. Eines unschönen Tages fliegt das Treiben des K auf. Die zuständige Behörde untersagt dem K gemäß § 35 I 1 GewO (Sartorius Nr. 800) die weitere Ausübung seines Gewerbes. Nur wenige Tage nach Erlass der Untersagung wechselt der zuständige Sachbearbeiter. Der neue Amtsinhaber S ist mit K schon seit Kindertagen befreundet und würde die Untersagungsverfügung am liebsten wieder aufheben. Darf er?

Ist der zu beseitigende Verwaltungsakt rechtmäßig, darf er nur unter den Voraussetzungen des § 49 VwVfG aufgehoben werden. Innerhalb des § 49 VwVfG ist – wie bei § 48 VwVfG – danach zu differenzieren, ob der Verwaltungsakt belastend oder begünstigend wirkt. Für die Aufhebung eines rechtmäßigen belastenden Verwaltungsakts ist § 49 I VwVfG maßgeblich. Danach kann der Verwaltungsakt widerrufen werden, sofern nicht eine Verfügung gleichen Inhalts erlassen werden müsste oder aus anderen Gründen ein Widerruf unzulässig ist.

Können Sie sich denken, in welchen Fällen sofort ein neuer Verwaltungsakt des gleichen Inhalts wie der aufgehobene erlassen werden müsste?

Vielleicht erinnern Sie sich noch an die vorangegangene Lektion: Einige gesetzliche Vorschriften gewähren der Verwaltung einen Ermessensspielraum, andere schreiben ihr vor, was sie bei Vorliegen bestimmter Tatbestandsmerkmale zu tun hat (sog. „gebundene" Entscheidungen). Höbe man einen derartigen gebundenen Verwaltungsakt auf, so müsste er gleich wieder erlassen werden.

Mit solch einem Fall haben wir es in Beispiel 63 zu tun: Gemäß § 35 I 1 GewO „ist" bei Unzuverlässigkeit des Gewerbetreibenden eine Untersagungsverfügung auszusprechen. Würde der Sachbearbeiter S die Untersagung gegenüber K widerrufen, müsste er eine Verfügung des gleichen Inhalts sogleich erneut erlassen. Die Tatbestandsvoraussetzungen des § 35 I GewO – insbesondere Unzuverlässigkeit des K – wären ja nach wie vor gegeben. S darf die Untersagung mithin nicht widerrufen.

Widerruf eines rechtmäßigen begünstigenden Verwaltungsakts

Fall 64

A hat vor zwanzig Jahren sein Staatsexamen als Lehrer im Fach Latein abgelegt. Zufällig trifft er in einer Kneipe auf Schulbehördenmitarbeiter M, der ein großer Freund der Sentenzen Senecas ist. M beginnt mit den Worten „Salve, amice!" freudig ein Fachgespräch, bemerkt aber bald, dass A nicht mal mehr einen ablativus absolutus zu erkennen imstande ist. M hält es für unverantwortlich, dass jemand wie A mit einem Latein-Examen durch die Gegend läuft. Er überlegt, ob sich das Staatsexamen widerrufen ließe. Möglich?

Für begünstigende Verwaltungsakte ist auch beim Widerruf danach zu unterscheiden, ob sie eine Geld- bzw. Sachleistung oder eine sonstige Begünstigung gewähren. Für sonstige Begünstigungen gilt § 49 II VwVfG. Ein rechtmäßiger und begünstigender Verwaltungsakt darf danach nur in Ausnahmefällen widerrufen werden. Das lässt sich leicht nachvollziehen: Der Verwaltungsakt ist ja rechtmäßigerweise ergangen und es ist das Vertrauen des Betroffenen auf den Bestand der Begünstigung zu berücksichtigen. Die Fälle, in denen ein Widerruf dennoch in Betracht kommt, zählt § 49 II VwVfG abschließend auf: Widerrufsvorbehalt (Nr.1), Nichterfüllung einer Auflage (Nr.2), Änderung der Sach- oder Rechtslage (Nr.3, 4) sowie Verhütung schwerer Nachteile für das Gemeinwohl (Nr.5).

Im Fallbeispiel 64 kommt eine Änderung der Sachlage in Betracht (§ 49 II Nr.3): A hat keine Fachkenntnisse in Latein mehr. Dennoch darf ein Widerruf des Staatsexamens nicht erfolgen. Dies liefe dem Sinn und Zweck des Verwaltungsakts entgegen: Die erforderlichen Fachkenntnisse müssen nämlich nur bei Ablegung der Prüfung vorhanden sein. Ein Widerruf des Examens des A wäre daher rechtswidrig. M muss sich auf andere Art beruhigen.

Fall 65

Das Verkehrsministerium gewährt Busunternehmen eine Bezuschussung für die Anschaffung von Bussen, die der Beförderung Behinderter dienen. Unternehmer B erhält eine Bezuschussung und verwendet diese zunächst auch zum Kauf eines Busses für die Beförderung Behinderter. Schon nach wenigen Wochen jedoch veranstaltet er mit diesem stattdessen lukrative touristische Fernreisen nach Nowosibirsk. Das Ministerium widerruft daraufhin den Bewilligungsbescheid. Zu Recht?

Der Widerruf rechtmäßiger VA, die Geld- oder Sachleistungen zur Erfüllung eines bestimmten Zwecks gewähren, richtet sich nach § 49 III VwVfG. In zwei Fällen darf ein Widerruf erfolgen: Gemäß § 49 III 1 Nr. 1 VwVfG dann, wenn die Leistung nicht für den im Verwaltungsakts bestimmten Zweck verwendet wird, nach Nr. 2 darüber hinaus bei Nichterfüllung einer Auflage. Der Widerruf ist dabei – anders als bei sonstigen begünstigenden Verwaltungsakten! – auch mit Wirkung für die Vergangenheit möglich. Dies ist erforderlich, da nur bei einem Widerruf für die Vergangenheit bereits erbrachte Leistungen von der Behörde gemäß § 49a VwVfG zurückgefordert werden können.

Im Fall 65 darf die Behörde den Bewilligungsbescheid, da B die Leistung nicht zweckgemäß eingesetzt hat, gemäß § 49 III 1 Nr. 1 VwVfG widerrufen.

Zum Schluss der Lektion noch eine kleine Wiederholung: Will die Behörde einen erlassenen Verwaltungsakt wieder beseitigen, so kann sie ihn zurücknehmen oder widerrufen. Die „Rücknahme" kommt dabei für rechtswidrige, der „Widerruf" für rechtmäßige Verwaltungsakte in Betracht. Oberbegriff für Rücknahme und Widerruf ist die „Aufhebung". Innerhalb der Rücknahmevorschrift des § 48 VwVfG und der Widerrufsvorschrift des § 49 VwVfG wiederum ist jeweils zwischen „begünstigenden" und „belastenden" Verwaltungsakten zu unterscheiden.

Insgesamt müssen also zwei Fälle mit je zwei Unterfällen auseinandergehalten werden. Klingt eigentlich ganz ordentlich strukturiert, oder? Hierzu die abschließende Übersicht 13.

Übersicht 13: Aufhebung von Verwaltungsakten

1. rechtswidriger Verwaltungsakt: **Rücknahme** § 48 VwVfG
   a. belastend § 48 I VwVfG
   b. begünstigend § 48 II, III VwVfG

2. rechtmäßiger Verwaltungsakt: **Widerruf** § 49 VwVfG
   a. belastend § 49 I VwVfG
   b. begünstigend § 49 II, III VwVfG

III. Verwaltungsverfahren und -vollstreckung

Lektion 9

Verwaltungsverfahren

Mit dem Begriff Verwaltungsverfahren ist im weiteren Sinne jedes auf den Erlass einer Entscheidung oder die Durchführung einer sonstigen Maßnahme gerichtetes Handeln der Verwaltungsbehörden gemeint. Dieser Begriff des Verwaltungsverfahrens umfasst also die Verwaltungstätigkeiten in Richtung auf eine Rechtsverordnung, Satzung, einen Verwaltungsakt, Realakt, Vertrag etc.

Enger ist der Verwaltungsverfahrensbegriff des VwVfG: Gemäß § 9 VwVfG bezieht er sich lediglich auf die auf den Erlass eines Verwaltungsakts oder den Abschluss eines öffentlich-rechtlichen Vertrags zielende Verwaltungstätigkeit. Die Vorschriften des VwVfG können aber in der Regel für die anderen Handlungsformen der Verwaltung entsprechend herangezogen werden. Im VwVfG finden sich mehrere Arten von Verwaltungsverfahren:

Verfahrensarten des VwVfG

Nichtförmliches Verwaltungsverfahren

Fall 66

A wohnt in einem reinen Wohngebiet, betreibt in seiner geräumigen Dachgeschosswohnung aber seit längerem ohne Genehmigung ein Fitnessstudio. Behörde B möchte eine Nutzungsuntersagung verfügen. Muss sie für deren Erlass bestimmte Verfahrensvorschriften beachten?

Grundsätzlich gilt gemäß § 10 VwVfG das Prinzip der Nichtförmlichkeit des Verwaltungsverfahrens: An bestimmte Formen ist es nicht gebunden. Dies bedeutet jedoch nicht, dass die Behörde keinerlei Verfahrensvorschriften zu beachten hätte: Einige allgemeine Verfahrensregelungen beanspruchen auch im nichtförmlichen Verwaltungsverfahren Geltung. Zu diesen gehört beispielsweise der Anhörungsgrundsatz gemäß § 28 VwVfG. Vielleicht entsinnen Sie sich noch: Er ist Ihnen bereits im Kapitel über die Rechtmäßigkeit von Verwaltungsakten begegnet. Vor Erlass eines belastenden Verwaltungsakts muss dem Betroffenen Gelegenheit zur Stellungnahme gegeben werden.

Bevor die Behörde dem A in Fall 66 die Nutzung seiner Wohnräume als Fitnessstudio untersagt, muss sie sich demnach gemäß § 28 VwVfG anhören, was er zur Rechtfertigung seiner ungewöhnlichen Geschäftsidee vorzubringen hat.

Förmliches Verwaltungsverfahren (§§ 63 ff. VwVfG)

Fall 67

K will den Dienst an der Waffe verweigern. Wie muss er seinen Antrag stellen? Wie muss das Verfahren seitens der Behörde durchgeführt werden?

Spezielle gesetzliche Regelungen stellen manchmal erhöhte Anforderungen an das Verwaltungsverfahren. Diese sogenannten förmlichen Verwaltungsverfahren sind durch einige besondere Ordnungsvorschriften gekennzeichnet: Anträge sind § 64 VwVfG zufolge schriftlich zu stellen. Gemäß § 67 VwVfG entscheidet die Behörde im Unterschied zum nichtförmlichen Verwaltungsverfahren in der Regel nach einer mündlichen Verhandlung, bei der der Adressat des späteren Verwaltungsakts zugegen ist. Die Entscheidung ist schriftlich abzufassen und zu begründen, sie muss den Beteiligten zugestellt werden. Die Regelungen im VwVfG haben insoweit lediglich Modellcharakter. Die spezialgesetzlichen Regelungen weichen von ihnen teilweise ab.

Zu Fall 67: Wie Sie sehen werden, sind die Vorschriften des Kriegsdienstverweigerungsgesetzes (KDVG: Sartorius Nr. 626) an die §§ 63ff. VwVfG angelehnt: So muss K seinen Antrag gemäß § 2 II 1 KDVG grundsätzlich schriftlich stellen. Bei Zweifeln an der Wahrheit der Angaben des K kann nach § 6 I 2 KDVG eine mündliche Anhörung durchgeführt werden.

Planfeststellungsverfahren (§§ 72ff. VwVfG)

Fall 68

Der Bundesverkehrsminister träumt von einer direkten Autobahnverbindung zwischen Flensburg und München. Die Planungen beginnen. A, dessen Grundstück direkt neben der geplanten Trasse liegt, fragt sich, ob und wie er Einwendungen dagegen geltend machen kann.

Über die Zulässigkeit bestimmter Vorhaben (insbesondere solche mit großer räumlicher Ausdehnung) wird in sogenannten Planfeststellungsverfahren entschieden. Das Planfeststellungsverfahren ist streng formalisiert und kommt nur dann zur Anwendung, wenn seine Durchführung gesetzlich vorgeschrieben ist: So z.B. für den Bau von Bundesfernstraßen (§ 17 FStrG), Flughäfen (§ 8 LuftVerkG) oder Abfalldeponien (§ 31 II KrWAbfG).

Geregelt ist das Planfeststellungsverfahren in den §§ 72–78 VwVfG. Zentraler Bestandteil ist das Anhörungsverfahren, das der Sammlung aller für die abschließende Entscheidung bedeutsamen Abwägungsmaterialien dient: Die vom Plan betroffenen Gemeinden müssen den Plan gemäß § 73 III VwVfG zur Einsicht auslegen. Jeder, dessen Belange durch das geplante Vorhaben berührt werden, kann nach § 73 IV VwVfG innerhalb einer Frist Einwendungen vorbringen. Wird der Plan trotz der Einwendungen festgestellt, so ersetzt dieser Beschluss – vgl. § 74 VwVfG – alle nach anderen gesetzlichen Regelungen erforderlichen Genehmigungen oder Erlaubnisse (etwa Baugenehmigungen): sog. „Konzentrationswirkung" des Planfeststellungsbeschlusses.

Wir kommen zur Lösung von Fall 68: A hat die Möglichkeit, nach Auslegung des Plans durch seine Gemeinde Einwendungen gegen die Autobahn zu erheben. Achten muss er dabei auf die Einwendungsfrist, da seine Beanstandungen nach deren Ablauf gemäß § 74 III 3 VwVfG ausgeschlossen sein könnten.

Rechtsbehelfsverfahren (§§ 79, 80 VwVfG)

Fall 69

V hat einen Verein zum Schutz des in Afrika vom Aussterben bedrohten Riesengnus gegründet. Seinem bundesweiten Aufruf zu einer Demonstration für dessen Erhaltung gedenken ca. 1000 Personen zu folgen. Da die Behörde die Gewaltbereitschaft der zu erwartenden Versammlungsteilnehmer als besonders hoch einschätzt und Ausschreitungen befürchtet, erlässt sie ein Versammlungsverbot. Kann V sich gegen dieses zur Wehr setzen?

Will sich ein Bürger gegen einen Verwaltungsakt zur wehren, so hat er gegen diesen grundsätzlich zunächst Widerspruch einzulegen. Das Widerspruchsverfahren dient der Überprüfung von Recht- und Zweckmäßigkeit eines Verwaltungsakts. § 79 VwVfG verweist dabei auf die Vorschriften der §§ 68ff. VwGO (Sartorius Nr. 600). Das Widerspruchsverfahren wird von Verwaltungsbehörden durchgeführt und ist daher ein echtes Verwaltungsverfahren. Gleichzeitig ist es aber auch Voraussetzung für die Erhebung einer gerichtlichen Klage, so dass es auch als verwaltungsgerichtliches „Vorverfahren" bezeichnet wird.

V muss in Fall 69 gegen das Versammlungsverbot also zunächst einmal Widerspruch einlegen. Das Verbot wird dann von der Verwaltung überprüft. Weist diese den Widerspruch zurück, kann V sich mit einer Anfechtungsklage an die Gerichte wenden.

Übersicht 14 stellt die Arten von Verwaltungsverfahren noch einmal zusammen.

Übersicht 14: Arten von Verwaltungsverfahren

1. **nichtförmliches Verwaltungsverfahren**
- Regelverfahren (sofern gesetzlich nichts anderes vorgeschrieben ist)
- Geltung der allgemeinen Verfahrensregelungen des VwVfG

2. **förmliches Verwaltungsverfahren** (§§ 63 ff. VwVfG)
- nur bei besonderer gesetzlicher Regelung, z.B. im Kriegsdienstverweigerungsgesetz
- Kennzeichen: besondere Förmlichkeiten, bspw. regelmäßiges Erfordernis einer mündlichen Verhandlung (§ 67 VwVfG)

3. **Planfeststellungsverfahren** (§§ 72 ff. VwVfG)
- nur bei besonderer gesetzlicher Anordnung (§ 72 I Hs.1 VwVfG), z.B. für den Bau von Bundesfernstraßen, § 17 FStrG
- zentraler Bestandteil: Anhörungsverfahren gemäß § 73 VwVfG
- Planfeststellungsbeschluss ersetzt sonstige Genehmigungen (Konzentrationswirkung)

4. **Rechtsbehelfsverfahren** (§§ 79, 80 VwVfG)
- zur Überprüfung von Verwaltungsmaßnahmen auf Antrag des Bürgers
- Verweisung in § 79 VwVfG auf Vorschriften der VwGO über das Widerspruchsverfahren (§§ 68ff. VwGO)

Beteiligte des Verwaltungsverfahrens

Fall 70

Bauherr B stellt einen Baugenehmigungsantrag für das geplante fünfstöckige Wohnhaus. Nachbar N fürchtet um seinen Meerblick, zudem soll das Gebäude direkt an der Grundstücksgrenze stehen. N möchte an dem Baugenehmigungsverfahren gerne beteiligt werden. Möglich?

Wer Beteiligter eines Verwaltungsverfahrens sein kann, wird von § 13 VwVfG geregelt. Die Stellung als Beteiligter des Verfahrens kann große Bedeutung erlangen: Nur den Beteiligten stehen die Verfahrensrechte zu, die wir uns gleich noch ansehen werden. Gemäß § 13 VwVfG ist etwa der Antragsteller am Verfahren beteiligt (Abs.1 Nr.1). Nach Abs.1 Nr.4 sind auch solche Personen Beteiligte, die von der Behörde zum Verfahren hinzugezogen worden sind.

Im Beispiel 70 wäre Antragsteller B folglich bereits kraft Gesetzes (§ 13 I Nr.1 VwVfG) Verfahrensbeteiligter. Nachbar N müsste, da er durch den Verfahrensausgang in seinen rechtlichen Interessen (Abstandsflächen zum anderen Grundstück) betroffen ist, auf Antrag von der Behörde zum Verfahren hinzugezogen werden. Auch er wäre dann gemäß § 13 I Nr.4 i.V.m. II 2 VwVfG Beteiligter.

Die Beteiligteneigenschaft ist Voraussetzung für die Geltendmachung folgender Verfahrensrechte (die übrigens auch im nichtförmlichen Verfahren zu beachten sind):

Verfahrensrechte der Beteiligten

Fall 71

Beamter B gedenkt, dem Gaststättenbetreiber G wegen dessen fortgesetzten Drogenkonsums die Gaststättenerlaubnis zu entziehen. Er fragt sich, ob er dem G zuvor Gelegenheit zur Stellungnahme geben muss. Was meinen Sie?

Gemäß § 28 I VwVfG – Sie haben ihn bereits kennengelernt – muss die Behörde vor Erlass eines Verwaltungsakts, der in die Rechte eines Beteiligten eingreift, dem betroffenen Beteiligten Gelegenheit geben, sich zu den für die Entscheidung erheblichen Tatsachen zu äußern. Dieses

Anhörungsrecht fließt aus dem verfassungsrechtlichen Grundsatz des rechtlichen Gehörs. Nur in einigen Ausnahmefällen (vgl. § 28 II, III VwVfG) kann von einer Anhörung abgesehen werden.

Da es sich bei der Entziehung der Gaststättenerlaubnis in Fall 71 um einen belastenden Verwaltungsakt handelt, muss dem G zuvor Gelegenheit gegeben werden, sich zu dem ihm vorgeworfenen Drogenkonsum zu äußern. Erst nach dessen Anhörung kann die Entziehungsverfügung rechtmäßigerweise ergehen.

Fall 72

Kleingärtner K möchte seinen Kleingarten gerne auch zum Wohnen nutzen und sich ein kleines Häuschen darauf errichten. Einen entsprechenden Bauantrag hat er schon vor längerer Zeit gestellt. Um zu erfahren, wie es mit dessen Erfolgsaussichten bestellt ist, würde er zu gerne einen Blick in die Akten der Bauaufsichtsbehörde werfen. Möglich?

Die Antwort steht in § 29 I VwVfG: Danach steht den Beteiligten ein Akteneinsichtsrecht zu, soweit die Aktenkenntnis zur Geltendmachung oder Verteidigung ihrer rechtlichen Interessen erforderlich ist. Auch § 29 I VwVfG gilt nur für Beteiligte eines laufenden Verwaltungsverfahrens.

Mit der Stellung des Baugenehmigungsantrags ist im Beispielsfall 72 das Verfahren eingeleitet worden. Die Baugenehmigung ist noch nicht erteilt oder abgelehnt worden, so dass das Verfahren seinen Abschluss noch nicht gefunden hat. K hat als Beteiligter eines laufenden Verwaltungsverfahrens mithin gemäß § 29 I VwVfG ein Recht auf Einsichtnahme in die Akten.

Fall 73

Fitnessstudiobetreiber A aus Fall 66 verspürt nur geringe Lust, sich auf sich alleine gestellt mit der gegen ihn ergangenen Nutzungsuntersagung auseinanderzusetzen. Er möchte sich der Hilfe eines Rechtsanwalts bedienen. Geht das?

Gemäß § 14 I VwVfG kann sich der Beteiligte durch einen Bevollmächtigten vertreten lassen. Dieser kann dann alle das Verwaltungsverfahren betreffenden Verfahrenshandlungen vornehmen. Bevollmächtigt A also einen Rechtsanwalt mit seiner Vertretung, so kann dieser Akteneinsicht nehmen, Rechtsbehelfe gegen die Nutzungsuntersagung einlegen etc. A braucht sich nicht alleine mit der Behörde auseinanderzusetzen.

Zusammenfassend noch die kleine Übersicht 15 zu den wichtigsten Verfahrensrechte der Beteiligten.

Übersicht 15: Die wichtigsten Verfahrensrechte der Beteiligten

1. Anhörungsrecht, § 28 I VwVfG
2. Recht auf Akteneinsicht, § 29 I VwVfG
3. Recht auf Vertretung, § 14 VwVfG

Lektion 10

Verwaltungsvollstreckung

Fall 74

A wird per Verwaltungsakt aufgefordert, sein illegal errichtetes Landhaus abzureißen. A hängt jedoch daran und kommt der Aufforderung nicht nach. Was kann die Behörde tun, um die Abrissverfügung durchzusetzen?

Nicht selten geschieht es, dass der Bürger einer ihm gegenüber durch Verwaltungsakt ergangenen Verpflichtung nicht nachzukommen gedenkt. Wer trennt sich bspw. schon gerne von einer gerade erbauten Villa im Grünen? Erlässt die Verwaltung einen Verwaltungsakt und weigert sich der Bürger, eine darin enthaltene Verpflichtung zu befolgen, ist fraglich, wie die Verwaltung diese durchzusetzen vermag. Sie kann sich dazu des Instruments der Verwaltungsvollstreckung bedienen: Verwaltungsvollstreckung ist die zwangsweise Durchsetzung öffentlich-rechtlicher Verpflichtungen des Bürgers durch die Behörde in einem verwaltungseigenen Verfahren.

Für die Bundesverwaltung ist die Verwaltungsvollstreckung im „Verwaltungs-Vollstreckungsgesetz" (VwVG) – Sartorius Nr. 112 – bzw. im „Gesetz über den unmittelbaren Zwang bei Ausübung öffentlicher Gewalt durch Vollzugsbeamte des Bundes" (UZwG) geregelt. In den Bundesländern gelten jeweils eigene Verwaltungsvollstreckungsgesetze, die in ihren grundsätzlichen Strukturen mit dem Bundesgesetz übereinstimmen.

Zur Lösung von Fall 74: Da A dem Gebot, das Wochenendhäuschen abzureißen, nicht von alleine nachkommt, kann die Behörde es selbst vollstrecken. Sie kann beispielsweise einen Unternehmer mit dem Abbruch des Gebäudes beauftragen. Das Ganze nennt sich dann Ersatzvornahme. Zu den einzelnen Formen der Vollstreckung kommen wir gleich noch genauer.

An dieser Stelle erst noch eine allgemeine, nicht ganz einfache Frage: Können Sie sich vielleicht denken, was die Verwaltungsvollstreckung vom Normalfall der Durchsetzung von Ansprüchen (insbesondere der Bürger untereinander) unterscheidet?

Hat ein Bürger einen Anspruch gegen jemand anderen, so kann er diesen nicht selbst zwangsweise durchsetzen: Er muss sich vielmehr an die staatlichen Gerichte wenden, um auf diese Weise zu einem Vollstreckungstitel zu gelangen, der dann durch staatliche Organe (insbesondere Gerichtsvollzieher) zwangweise durchgesetzt werden kann. Eine Behörde hingegen kann ihre Ansprüche selbst – also ohne Anrufung eines Gerichts – vollstrecken: Zwar benötigt auch sie einen Vollstreckungstitel, diesen kann sich die Behörde jedoch durch Erlass eines Verwaltungsakts selbst verschaffen.

Nun aber auf zu den verschiedenen Vollstreckungsarten:

Leitsatz 13

!

Arten der Verwaltungsvollstreckung

Im Rahmen der Verwaltungsvollstreckung sind im Hinblick auf den Vollstreckungsgegenstand zwei Formen zu unterscheiden:

1. Vollstreckung wegen Geldforderungen: §§ 1-5 VwVG
2. Vollstreckung zur Erzwingung von Handlungen, Duldungen oder Unterlassungen: §§ 6-18 VwVG

Vollstreckung wegen Geldforderungen

Fall 75

Das städtische Wasserwerk in S setzt das Wassergeld als Gebühr durch Verwaltungsakt fest. A erhält am 15.10. einen Gebührenbescheid über 500 Euro, mit dem er zur Zahlung bis zum 22.10. aufgefordert wird. Der wasserscheue A, der sich aus Prinzip nur jedes halbe Jahr unter die Dusche traut, kann sich nicht vorstellen, soviel Wasser verbraucht zu haben. Auch auf eine neuerliche Mahnung des Wasserwerks reagiert er nicht. Sind die Voraussetzungen für eine Vollstreckung der Gebührenforderung gegeben?

Die Vollstreckung wegen öffentlich-rechtlicher Geldforderungen richtet sich nach den §§ 1-5 VwVG bzw. den entsprechenden landesrechtlichen Vorschriften. Öffentlich-rechtliche Geldforderungen sind vor allem Steuern, Gebühren und Beiträge. Das Vollstreckungsverfahren wird durch eine Vollstreckungsanordnung der Behörde, die den Zahlungsanspruch geltend machen kann, eingeleitet. Nachdem eine Vollstreckungsanordnung ergangen ist, kann der Geldbetrag beigetrieben werden. Dazu Übersicht 16.

Übersicht 16: Voraussetzungen einer Vollstreckungsanordnung

Eine Vollstreckungsanordnung, mit der die Vollstreckung wegen Geldforderungen eingeleitet wird, setzt Folgendes voraus:

1. Ergehen eines Leistungsbescheids, durch den der Schuldner zur Leistung, also zur Begleichung der öffentlich-rechtlichen Geldforderung aufgefordert wird, § 3 II a) VwVG

2. Fälligkeit der Leistung, § 3 II b) VwVG

3. Ablauf einer einwöchigen Frist seit Bekanntgabe des Leistungsbescheids, § 3 II c) VwVG

4. besondere Mahnung des Schuldners vor Anordnung der Vollstreckung mit weiterer einwöchiger Zahlungsfrist („soll" erfolgen), § 3 III VwVG

Diese Voraussetzungen sind im Beispielsfall 75 gegeben: Mit dem Gebührenbescheid ist ein Leistungsbescheid ergangen, die Zahlung des Wassergelds war fällig. Darüber hinaus war eine Woche seit Bekanntgabe des Leistungsbescheids verstrichen und zuletzt auch eine besondere Mahnung mit erneuter Zahlungsaufforderung gegen A ergangen.

Die Gebührenforderung kann also vollstreckt werden. Wie die Forderung im Einzelnen vollstreckt wird, richtet sich dabei nach den Vorschriften der Abgabenordnung, siehe § 5 I VwVG. Weigert sich A standhaft, seine Rechnung zu begleichen, könnten bspw. Gegenstände, die sich in seinem Eigentum befinden, gepfändet und versteigert werden. Es würde aber zu weit führen, sich sämtliche dieser Vollstreckungsverfahren hier näher anzusehen. Verspüren Sie ein unbändiges Interesse an dieser Thematik, lesen Sie dazu den Kommentar von Sadler zum Verwaltungsvollstreckungsgesetz, § 5 VwVG.

Vollstreckung zur Erzwingung von Handlungen, Duldungen oder Unterlassungen

Gegenstand der Verwaltungsvollstreckung können auch Verwaltungsakte sein, die zu einer Handlung, Duldung oder Unterlassung verpflichten. Diese Form der Vollstreckung ist in den §§ 6-18 VwVG geregelt. Vollstreckbar sind dabei nur befehlende Verwaltungsakte (also solche, die ein Gebot oder Verbot enthalten), vgl. § 6 I VwVG. Sie dürfen darüber hinaus nur unter bestimmten Voraussetzungen vollstreckt werden (ebenfalls § 6 I VwVG): Entweder müssen sie unanfechtbar geworden sein. Das bedeutet, dass sie mit einem förmlichen Rechtsbehelf nicht mehr angegriffen werden können, beispielsweise weil die Widerspruchs- oder Klagfrist abgelaufen ist. Oder aber sie müssen gemäß den in § 80 II 1 Nr. 1–4 VwGO – Sartorius Nr. 600 – genannten Fällen sofort vollziehbar sein.

Sind diese Voraussetzungen gegeben, kommen zur Durchsetzung des befehlenden Verwaltungsakts die in Übersicht 17 aufgeführten Zwangsmittel in Betracht.

Übersicht 17: Erzwingung von Handlungen, Duldungen oder Unterlassungen (§ 9 VwVG):

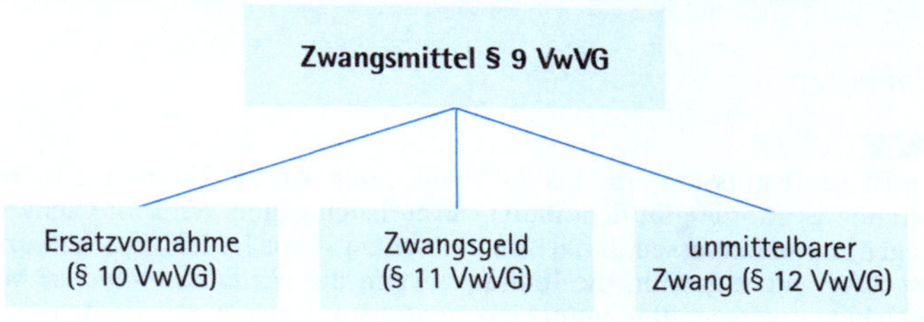

Ersatzvornahme

Fall 76

Wir kommen noch einmal zum Eingangsfall dieser Lektion zurück: A hatte für sein illegal errichtetes Wochenendhaus eine Abrissverfügung erhalten, sich aber geweigert, dieses abzureißen. Was kann die Behörde zur Durchsetzung der Abbruchverpflichtung tun?

Geht es um die Vollstreckung vertretbarer Handlungen, kommt als Zwangsmittel eine Ersatzvornahme in Betracht. Vertretbar ist eine Handlung, wenn sie auch von anderen Personen als dem Pflichtigen vorgenommen werden kann. Bei der Ersatzvornahme wird die vertretbare Handlung durch einen Dritten (i.d.R. einem Privatunternehmer) auf Kosten des Pflichtigen vorgenommen. Dazu schließt die Vollzugsbehörde (§ 7 VwVG) mit dem Dritten einen privatrechtlichen Vertrag.

Die Behörde kann in Fall 76 also einen Privatunternehmer mit dem Abbruch des Wochenendhauses beauftragen. Die dabei entstehenden Kosten kann sie von A ersetzt verlangen.

Kleine Fangfrage: Warum kann die Einberufung zum Wehrdienst nicht im Wege der Ersatzvornahme durchgesetzt werden?

Klar: Bei der Ableistung des Wehrdienstes handelt es sich nicht um eine vertretbare Handlung. Sie kann nicht von einer anderen Person, vielmehr nur vom Pflichtigen selbst vorgenommen werden.

Zwangsgeld

Fall 77

In Raisdorf grassiert eine bis dato völlig unbekannte Virusart. Die Gesundheitsbehörde gibt dem Bauern B auf, sich gegen den Krankheitserreger impfen zu lassen. B hat eine Heidenangst vor Nadeleinstichen und ist daher nicht gewillt, die Impfung gegen das Virus zu erdulden. Mit welchem Zwangsmittel könnte das Impfgebot durchgesetzt werden?

Sollen unvertretbare Handlungen, Duldungen oder Unterlassungen (also solche, die nicht durch einen anderen vorgenommen werden können) erzwungen werden, ist an das Zwangsgeld gemäß § 11 VwVG zu denken. Das Zwangsgeld ist keine Strafe, sondern Mittel zur Erzwingung künftigen Verhaltens. Der durchzusetzenden Verpflichtung soll durch das Zwangsgeld Nachdruck verliehen werden.

Zur Durchsetzung des Impfgebots aus Fall 77 kann folglich ein Zwangsgeld gegen B verhängt werden. Kommt B dem Impfgebot nicht nach, müsste er demzufolge einen bestimmten Geldbetrag leisten. Kann das Zwangsgeld nicht beigetrieben werden, kommt gemäß § 16 VwVG auch eine Inhaftierung des B in Betracht.

Unmittelbarer Zwang

Fall 78

A hat sich vor dem Rathaus angekettet, um die in der Gemeinde neu eingeführte Wellensittichsteuer anzuprangern. Die Aufforderung des Bürgermeisters, sich zu entfernen, ignoriert A. Vom Bürgermeister herbeigerufene Polizeikräfte durchtrennen die Ketten und tragen A weg. Welches Zwangsmittel haben die Polizisten angewendet?

Als drittes Zwangsmittel neben Ersatzvornahme und Zwangsgeld kann zur Erzwingung einer Handlung, Duldung oder Unterlassung im Wege des unmittelbaren Zwangs vorgegangen werden (§ 12 VwVG). Unmittelbarer Zwang ist nach § 2 UZwG die Einwirkung auf Personen oder Sachen durch körperliche Gewalt, Hilfsmittel der körperlichen Gewalt (z.B. Fesseln, Diensthunde, Wasserwerferfahrzeuge) oder durch Waffen. Die Behörde kann den Pflichtigen zu der von ihm geforderten Handlung, Duldung oder Unterlassung zwingen (§ 12 Alt. 1 VwVG) oder aber die Handlung selbst vornehmen (§ 12 Alt. 2 VwVG).

Zur Lösung von Fall 78: Mit dem Wegtragen des A wurde dieser zu der von ihm geforderten Handlung, sich zu entfernen, gezwungen. Der unmittelbare Zwang ist das einschneidendste Zwangsmittel; er darf daher nur dann eingesetzt werden, wenn die anderen Zwangsmittel nicht zum Erfolg führen oder untunlich sind.

Vollstreckungsverfahren

Fall 79

Ein letztes Mal zum Wochenendhäuschen des A: Die Behörde möchte die Abbruchverfügung im Wege der Ersatzvornahme vollstrecken, indem sie einen Privatunternehmer mit dem Abreißen beauftragt. Wie muss sie dabei vorgehen?

Bei der Vollstreckung im Wege von Ersatzvornahme, Zwangsgeld oder unmittelbarem Zwang muss die Behörde die in den §§ 13-15 VwVG enthaltenen Verfahrensvorschriften beachten. Die dort normierten strengen Verfahrensvorschriften dienen dem Schutz des Betroffenen.

Zurück zu Fall 79: Die Behörde muss dem A die Ersatzvornahme, also den Abriss des Gebäudes durch den Privatunternehmer, zunächst gemäß § 13 VwVG androhen. Kommt A seiner Verpflichtung innerhalb der in der Androhung bestimmten Frist nicht nach, so setzt die Behörde das Zwangsmittel „Ersatzvornahme" gemäß § 14 VwVG fest. Erst dann kann vollzogen werden, d.h. erst ab diesem Zeitpunkt kann der Privatunternehmer mit den Baggern anrücken und die Abrissverfügung nach § 15 VwVG vollziehen.

Leitsatz 14 fasst die dem Schutz des Betroffenen dienenden Vorschriften des Vollstreckungsverfahrens zusammen:

Leitsatz 14

!

Vollstreckungsverfahren
Das Vollstreckungsverfahren hat grundsätzlich in drei Stufen zu erfolgen (§§ 13-15 VwVG):

1. Androhung (§ 13 VwVG)
   Das Zwangsmittel ist zunächst schriftlich anzudrohen, wobei eine ausreichende Frist für die Erfüllung der dem Pflichtigen aufgegebenen Verpflichtung zu bestimmen ist.

2. Festsetzung (§ 14 VwVG)
   Bei fruchtlosem Ablauf der in der Androhung bestimmten Frist wird das Zwangsmittel festgesetzt; die Festsetzung muss der Androhung inhaltlich entsprechen.

3. Anwendung (§ 15 VwVG)
   Erst nach der Festsetzung darf das Zwangsmittel angewendet werden; ein etwaiger Widerstand des Betroffenen kann mit Gewalt gebrochen werden.

Sofortvollzug

Einen Spezialfall innerhalb der Verwaltungsvollstreckung bildet der Sofortvollzug:

Fall 80

B ist Tanklastfahrer und nach mehreren Doppelschichten bereits völlig übermüdet. Als er im Sekundenschlaf eine Kurve übersieht, stürzt der Tanklastwagen um: Heizöl fließt auf die Straße und in den Waldboden. Das Grundwasser droht, verseucht zu werden. B macht sich lieber aus dem Staub. Als die zuständige Behörde durch Autofahrer von dem Vorgang erfährt, lässt sie das Heizöl sofort durch einen Privatunternehmer abpumpen. Was fällt hier auf? Ist die Vollstreckung durch Beauftragung des Privatunternehmers in Ordnung?

Grundsätzlich bedarf es, wie oben erwähnt, für die Verwaltungsvollstreckung eines vollstreckbaren Verwaltungsakts. Hierzu bildet der Sofortvollzug eine Ausnahme. Er greift in Fällen, in denen der Erlass eines

Verwaltungsakts plus ein dreistufiges Vollstreckungsverfahren gegenüber dem Verantwortlichen zu erheblichen Gefahren oder Schäden für Rechtsgüter führen können.

Geregelt ist der Sofortvollzug in § 6 II VwVG: Ausnahmsweise ist der Verwaltungszwang danach auch ohne Verwaltungsakt zulässig, nämlich wenn der sofortige Vollzug zur Verhinderung einer rechtswidrigen Tat, die einen Straf- oder Bußgeldtatbestand verwirklicht, oder zur Abwendung einer drohenden Gefahr notwendig ist und die Behörde hierbei innerhalb ihrer gesetzlichen Befugnisse handelt. Androhung und Festsetzung des Zwangsmittels entfallen beim Sofortvollzug (§§ 13 I, 14 Satz 2 VwVG).

Wegen der drohenden Grundwasserverseuchung konnte die zuständige Behörde in Beispielsfall 80 das Heizöl durch den Privatunternehmer abpumpen lassen, ohne dass zuvor ein Verwaltungsakt gegen den für die Gefahrenlage Verantwortlichen ergangen wäre. Auch Androhung und Festsetzung der Ersatzvornahme waren nicht erforderlich.

Leitsatz 15

!

Sofortiger Vollzug
Der sofortige Vollzug – teilweise auch als unmittelbare Ausführung bezeichnet – ist eine Form der Verwaltungsvollstreckung für besondere Gefahrenlagen, in denen schnell gehandelt werden muss. Sofortiger Vollzug bedeutet: Anwendung eines Zwangsmittels ohne Grundverfügung, Androhung und Festsetzung.

IV. Die Haftung des Staates

Lektion 11

Amtshaftung

Das Staatshaftungsrecht befasst sich mit der Frage, was der Bürger unternehmen kann, wenn hoheitliches Verhalten für ihn zu Schäden oder sonstigen nachteiligen Folgen geführt hat. Ob und wie der Staat in diesen Fällen haftet, ergibt sich dabei aus unterschiedlichen, historisch aus mehreren Quellen gewachsenen Regelungen.

Schon 1981 unternahm der Bundesgesetzgeber einen Anlauf, die unübersichtliche Materie des Staatshaftungsrechts in einem Staatshaftungsgesetz einheitlich zu regeln. Diesem bereitete das Bundesverfassungsgericht jedoch ein unrühmliches Ende, indem es das Staatshaftungsgesetz wegen fehlender Gesetzgebungskompetenz des Bundes für nichtig erklärte. Zwar ist in Art. 74 I Nr. 25 GG (sehen Sie einmal rein!) mittlerweile eine derartige Gesetzgebungskompetenz des Bundes eingefügt worden. Nachfolgende Reformbemühungen scheiterten bislang jedoch vor allem am Widerstand der Finanzminister, die weitere finanzielle Belastungen fürchteten.

Zwar werden Sie daher nicht umhinkommen, sich im Bereich des Staatshaftungsrechts mit wenig systematischen, zersplitterten Regelungen auseinandersetzen zu müssen. Doch lassen sich zumindest drei Schwerpunkte unterscheiden, nämlich die Haftung für Pflichtverletzungen (Amtshaftung), die sog. Entschädigungsansprüche sowie die Beseitigung von Folgen rechtswidriger staatlicher Eingriffe.

Leitsatz 16

Inhalt des Staatshaftungsrechts
Im Staatshaftungsrecht geht es im wesentlichen um folgende Bereiche:

1. Amtshaftung

2. Entschädigungsansprüche

3. Beseitigung von Folgen rechtswidrigen staatlichen Verhaltens

Fall 81

Polizist P befindet sich auf Streifenfahrt, ist in Gedanken aber schon beim romantischen Candlelight-Dinner, dass seine Freundin ihm für den Feierabend versprochen hat. Die innig geliebten Königsberger Klopse vor Augen, übersieht P an einer Kreuzung den vorfahrtberechtigten A und kollidiert mit diesem. Hat A einen Anspruch auf Ersatz des ihm entstandenen Schadens? Gegen wen?

Den Kernbereich des Staatshaftungsrechts bildet die staatliche Haftung für rechtswidriges schuldhaftes Verhalten eines Beamten oder anderen öffentlichen Bediensteten. Wichtigste Vorschriften in diesem Bereich sind § 839 BGB und Art. 34 GG. Sie bilden heute zusammen die Anspruchsgrundlage für den Amtshaftungsanspruch.

Ursprünglich gab es nur die Vorschrift des § 839 BGB. Falls Sie ein BGB gerade nicht dabei haben, nicht verzweifeln; § 839 I 1 BGB lautet: „Verletzt ein Beamter vorsätzlich oder fahrlässig die ihm einem Dritten gegenüber obliegende Amtspflicht, so hat er dem Dritten den daraus entstehenden Schaden zu ersetzen." Der Beamte haftete nach § 839 BGB also persönlich für Schäden, die er einem Dritten durch schuldhafte Verletzung seiner Amtspflichten zufügte.

Durch Einfügung des Art. 34 in das GG wurde diese Haftung in zweierlei Hinsicht modifiziert: Zum einen spricht Art. 34 von „jemand" (in Ausübung eines öffentlichen Amtes), d.h. er beschränkt den Amtshaftungsanspruch nicht wie § 839 BGB auf das schuldhafte Handeln eines „Beamten". Zum anderen leitet Art. 34 GG die Haftung für die Pflichtverletzung auf den Staat über. Der Staat haftet also anstelle des Amtswalters.

Kurze Zwischenfrage: Können Sie sich vorstellen, warum die Haftung des Amtswalters auf den Staat übergeleitet wird? Was soll die Regelung des Art. 34 GG eigentlich bewirken?

Der Sinn des Art. 34 GG besteht darin, dem Geschädigten mit dem Staat einen zahlungskräftigen Schuldner zu verschaffen. Zudem soll er die Entscheidungsfreude des Amtswalters stärken, der dem Dritten nicht persönlich für sein hoheitliches Handeln haftet.

Welche Anforderungen stellen § 839 BGB, Art. 34 GG aber genau an das Vorliegen eines Amtshaftungsanspruchs? Unter den vier in Übersicht 18 dargestellten Voraussetzungen, die wir uns im folgenden ebenso detailliert wie genüsslich zu Gemüte führen werden, besteht ein Anspruch des Bürgers auf Ersatz des ihm bei einer Amtspflichtverletzung entstandenen Schadens:

Übersicht 18: Voraussetzungen und Rechtsfolge eines Amtshaftungsanspruchs gemäß Art. 34 GG, § 839 BGB

I. **Voraussetzungen**
1. Handeln in Ausübung eines anvertrauten öffentlichen Amtes
2. Verletzung einer drittbezogenen Amtspflicht
3. Verschulden
4. kein Haftungsausschluss

II. **Rechtsfolge**: Schadensersatz

Diese vier Anforderungen wollen wir schon einmal kurz für Fall 81 durchgehen, bevor wir uns ihnen im Einzelnen widmen: Polizist P, ein Beamter, befand sich auf Streifenfahrt, übte mithin das ihm anvertraute öffentliche Amt aus. Indem er das Fahrzeug des A beschädigte, verletzte er eine ihm obliegende Amtspflicht, nämlich Eigentumsbeeinträchtigungen Dritter zu unterlassen. Die Beschädigung des Wagens geschah dabei aus Unachtsamkeit, also fahrlässig. Haftungsausschlüsse greifen nicht ein. A kann daher Schadensersatz verlangen, und zwar vom Land: Auf dieses wird die Haftung gemäß Art. 34 GG übergeleitet.

Zu den Voraussetzungen eines Amtshaftungsanspruchs im Einzelnen:

Handeln in Ausübung eines anvertrauten öffentlichen Amtes

Fall 82

Mit Stolz macht sich S an seine verantwortungsvolle neue Aufgabe als Schülerlotse. Gleich am zweiten Tag jedoch unterläuft ihm ein Malheur: Er gibt den Verkehr frei, obwohl Erstklässler E sich noch auf der Straße befindet. Bei dem Versuch, dem E auszuweichen, stürzt Radfahrer F und zieht sich dabei eine Knieverletzung zu. Hat F einen Amtshaftungsanspruch?

Die Amtshaftung gemäß § 839 BGB, Art. 34 GG greift ein, wenn ein anvertrautes öffentliches Amt ausgeübt, d.h. hoheitlich gehandelt wird. Bei privatrechtlichem Handeln scheidet ein Amtshaftungsanspruch aus.

Wir waren schon darauf zu sprechen gekommen, dass § 839 BGB insoweit zwar von „Beamter" redet, jedoch durch Art. 34 GG („jemand") modifiziert wird. Der Amtshaftungsanspruch gilt daher nicht nur für das Handeln von Beamten, sondern einer jeden Person, die hoheitlich tätig wird. Der Amtshaftungsanspruch gelangt auch bei schuldhaften Pflichtverletzungen von Angestellten und Arbeitern des öffentlichen Dienstes, Ministern, Beliehenen etc. zur Anwendung. Maßgebend ist allein, ob öffentlich-rechtliches Handeln vorliegt, auf die statusrechtliche Stellung des Handelnden kommt es nicht an.

Im Beispielsfall 82 hat Schülerlotse S als Verwaltungshelfer gehandelt. Verwaltungshelfer sind Personen, die eine Behörde bei der Erfüllung ihrer Aufgaben unterstützen. Ihr Handeln wird der Behörde zugerechnet. Aufgrund der Pflichtverletzung des S hat F daher einen Anspruch auf Schadensersatz aus Amtshaftung.

Fall 83

A hat seinen Wagen direkt vor einer Bürgersteigabsenkung abgestellt, die alten Leuten den Zugang zum dahinter liegenden Marktplatz erleichtern soll. Erbost melden diese sich bei der Polizei, die Abschleppunternehmer U mit dem Entfernen des Wagens beauftragt. U beschädigt beim Abschleppen ausgerechnet das neben dem des A stehende Fahrzeug von Oma O, die sich am lautstärksten beschwert hatte. Amtshaftungsanspruch der O?

Selbst behördlich beauftragte Privatunternehmer können „in Ausübung eines öffentlichen Amtes" handeln: Die Behörde soll sich der Amtshaftung nicht dadurch entziehen können, dass sie eine Aufgabe einem Privaten überträgt. Ein Anspruch aus Amtshaftung kommt dabei umso eher in Betracht, je stärker der hoheitliche Charakter der Aufgabe und je begrenzter der Entscheidungsspielraum des Unternehmers ist.

In Fall 83 handelte es sich um eine ausschließlich hoheitliche Aufgabe, nämlich für ungehinderten Zugang zum Marktplatz zu sorgen. Ein eigener Entscheidungsspielraum stand Unternehmer U bei der Ausführung der Aufgabe nicht zu. O kann daher einen Amtshaftungsanspruch gegen den Staat geltend machen.

Fall 84

Polizist P hat schon jahrelanges Antikmarktabklappern hinter sich, seine Traumstatue eines wasserspeienden Ameisenbären aus der Sching-ling-Dynastie jedoch nie gefunden. Bei einer Hausdurchsuchung in der Wohnung des Drogendealers D entdeckt er sie plötzlich auf einer schäbigen Jugendstilschrankkopie, wirft alle guten Vorsätze über Bord und nimmt sie heimlich an sich. Handelte er in Ausübung eines öffentlichen Amtes?

Die Pflichtverletzung muss „in Ausübung" eines öffentlichen Amtes geschehen. Das bedeutet, dass ein äußerer und innerer Zusammenhang mit der Amtsausübung bestehen muss. Die schädigende Handlung darf nicht nur bei Gelegenheit oder anlässlich der hoheitlichen Tätigkeit vorgenommen werden.

Polizist P hat in Fall 84 lediglich die günstige Gelegenheit wahrgenommen und die begehrte Statue anlässlich der Hausdurchsuchung an sich genommen; „in Ausübung" seines öffentlichen Amtes handelte er dabei nicht. Anders wäre es z.B. gewesen, wenn er die Statue aus Unvorsichtigkeit während der Hausdurchsuchung umgeworfen hätte.

Verletzung der einem Dritten gegenüber obliegenden Amtspflicht

Fall 85

Die Bauaufsichtsbehörde genehmigt den Bau eines Hochhauses, obwohl die Pläne einen Statikfehler aufweisen. Das Bauwerk bricht kurz darauf zusammen. Glücklicherweise befand sich niemand im Gebäude, doch wird Passant A von herabstürzenden Ziegelsteinen getroffen und verletzt. Anspruch des A aus Amtshaftung?

Zweite Voraussetzung eines Amtshaftungsanspruchs ist die Verletzung einer drittbezogenen Amtspflicht. Eine Amtspflicht ist jede persönliche

Verhaltenspflicht des Amtsträgers im Hinblick auf seine Amtsführung. So hat er bspw. die ihm obliegenden Aufgaben rechtmäßig zu erfüllen, muss also etwa die Zuständigkeitsgrenzen einhalten, den Verhältnismäßigkeitsgrundsatz beachten etc. Weiterhin darf er keine unerlaubten Handlungen begehen, also absolut geschützte Rechte der Bürger (Eigentum, Gesundheit etc.) nicht verletzen. Die verletzte Amtspflicht muss darüber hinaus gegenüber dem geschädigten Dritten bestehen. Das bedeutet, dass sie nicht ausschließlich den Interessen der Allgemeinheit zu dienen bestimmt sein darf.

Zur Lösung von Beispielsfall 85: Die Überprüfung der statischen Berechnungen vor Erteilung einer Baugenehmigung dient der Gewährleistung der Standsicherheit des Bauwerks. Sie soll alle, die durch die fehlende Standsicherheit eines Gebäudes gefährdet werden, vor Schäden bewahren. Die Amtspflicht, nur statisch sichere Bauwerke zu errichten, besteht also auch gegenüber Dritten, die durch ihre Verletzung an Gesundheit oder Eigentum geschädigt werden. A kann mithin Schadensersatz wegen Amtshaftung beanspruchen.

Fall 86

Die Kfz-Zulassungsstelle trägt das Erstzulassungsdatum des Wagens des V falsch ein. V veräußert sein Gefährt, Käufer K macht den Kaufvertrag jedoch wegen der Falscheintragung später rückgängig. V möchte den ihm dadurch entgangenen Gewinn (K hatte einen völlig überhöhten Preis gezahlt) gerne ersetzt bekommen. Hat er einen Amtshaftungsanspruch wegen der Falscheintragung des Erstzulassungsdatums?

Nein. Die Amtspflicht der Zulassungsstelle, das Datum der Erstzulassung korrekt einzutragen, besteht ausschließlich im öffentlichen Interesse. Sie soll nicht etwa Käufer oder Verkäufer eines Kraftfahrzeugs vor Schäden schützen.

Verschulden

Fall 87

Kriminalhauptkommissar K reinigt seine Dienstwaffe entgegen den ihm bekannten Dienstvorschriften im öffentlich zugänglichen Aufenthaltsraum. Es löst sich ein Schuss, durch den Besucher B verletzt wird. Hat K schuldhaft gehandelt?

Der Amtshaftungsanspruch setzt die schuldhafte Verletzung einer Amtspflicht voraus: Gemäß § 839 I 1 BGB muss sie „vorsätzlich oder fahrlässig" erfolgt sein. Vorsätzlich handelt der Amtswalter, wenn er zumindest billigend in Kauf nimmt, gegen eine Amtspflicht zu verstoßen. Fahrlässigkeit liegt vor, wenn das amtspflichtwidrige Verhalten nicht der gebotenen behördlichen Sorgfalt entspricht.

K hat in Fall 87 sogar vorsätzlich gehandelt: Er kannte die Dienstvorschriften, die die Reinigung von Dienstwaffen im Aufenthaltsraum untersagten. Es handelt sich damit vorliegend um eine schuldhafte Amtspflichtverletzung.

Kein Haftungsausschluss

Fall 88

Beamter B erteilt rechtswidrigerweise eine Baugenehmigung, da er fahrlässig übersieht, dass das Grundstück aus planungsrechtlichen Gründen nicht bebaut werden darf. Dies hatte Architekt A des Bauherrn Q ebenso übersehen. Nachdem das Gebäude bereits fertiggestellt ist, fällt der Fehler auf. Die Baugenehmigung wird aufgehoben und eine Abrissverfügung erlassen. Q möchte den durch den Abriss entstandenen Schaden ersetzt haben. Kann er vom Land Schadensersatz verlangen?

In § 839 I 2 BGB ist eine Klausel enthalten, die den Amtshaftungsanspruch in bestimmten Fällen entfallen lässt: „Fällt dem Beamten nur Fahrlässigkeit zur Last, so kann er nur dann in Anspruch genommen werden, wenn der Verletzte nicht auf andere Weise Ersatz zu erlangen vermag." Ein Amtshaftungsanspruch besteht demzufolge nicht, wenn der Amtsträger nur fahrlässig gehandelt und der Geschädigte von einem Dritten Schadensersatz verlangen kann.

Dies ist in Fall 88 gegeben: Q hat aufgrund des Planungsfehlers einen vertraglichen Schadensersatzanspruch gegen seinen Architekten A. Beamter B hat lediglich fahrlässig gehandelt. Der ansonsten auch gegen den Staat bestehende Amtshaftungsanspruch gemäß § 839 BGB, Art. 34 GG entfällt daher wegen der Subsidiaritätsklausel des § 839 I 2 BGB.

Beachten Sie bitte hierzu: Die Subsidiaritätsklausel des § 839 I 2 BGB greift dann nicht ein, wenn die anderweitige Ersatzmöglichkeit auf der

Aufwendung eigener Mittel beruht. Bei fahrlässiger Verursachung eines Verkehrsunfalls durch einen Amtsträger wie in Fall 81 entfällt der Amtshaftungsanspruch also nicht etwa aufgrunddessen, dass der Geschädigte über eine Kaskoversicherung verfügt. Sinn des § 839 I 2 BGB ist es nämlich nicht, den Staat in diesen Fällen von einer Haftung freizustellen.

Rechtsfolge: Schadensersatz

Fall 89

Durch einen von Polizist P aus Unachtsamkeit verursachen Verkehrsunfall wird nicht nur das Fahrzeug des A beschädigt. Vielmehr erleidet er auch Verletzungen, die ihm dauerhafte Schmerzen im Nackenbereich bereiten. Kann A auch für seinen Schmerz Ersatz verlangen?

Durch die Amtspflichtverletzung muss ein Schaden verursacht worden sein. Für den Umfang des Schadensersatzes sind dabei die Vorschriften des BGB (§§ 249 ff.) maßgeblich. Der Anspruch umfasst daher auch einen etwaig entgangenen Gewinn (§ 252 BGB) sowie Schmerzensgeld gemäß § 253 II BGB.

A kann also im Beispielsfall 89 neben dem Schadensersatz für Heilbehandlungskosten und Reparatur des Wagens ein angemessenes Schmerzensgeld vom Land fordern.

Zu guter Letzt: Lassen Sie vor Ihrem geistigen Auge nochmals die vier Voraussetzungen des Amtshaftungsanspruchs vorüberziehen! Können Sie sich für jede Voraussetzung noch an ein Beispiel erinnern?

Lektion 12

Entschädigungsansprüche

Fall 90

Die neue Autobahn A 180, ein Lieblingsprojekt des Ministerpräsidenten von L, soll mehrere Großstädte miteinander verbinden. Unglücklicherweise befindet sich eine Kleingartensiedlung direkt auf der geplanten Route. Kleingärtner K weigert sich standhaft, von seinen prächtig gedeihenden Wildrosen Abschied zu nehmen. Er wird daraufhin gemäß § 19 FStrG (Sartorius Nr. 932) enteignet. Ihm wird jedoch eine angemessene Entschädigung ausgezahlt. Was unterscheidet die Entschädigungsansprüche von den Schadensersatzansprüchen wegen Amtshaftung?

Die eben behandelten Schadensersatzansprüche wegen Amtshaftung resultieren aus der Rechtswidrigkeit staatlichen Verhaltens. Entschädigungsansprüche hingegen verfolgen einen anderen Zweck: Sie sollen dem Bürger Nachteile bei schweren, zu Gunsten der Allgemeinheit vorgenommenen Eingriffen in seine Rechtsgüter ausgleichen. Sehr deutlich wird dies bei der Enteignung, bei der dem einzelnen Bürger – wie im Beispielsfall 90 dem K – aus Gemeinwohlgründen (etwa für den Bau der A 180) Eigentum entzogen wird.

Entschädigungsansprüche beruhen damit auf dem allgemeinen Aufopferungsgedanken: Danach muss der Staat denjenigen entschädigen, dem zum Wohl der Allgemeinheit durch den Staat ein Sonderopfer auferlegt wird. Schon die alten Preußen haben sich hierüber so ihre Gedanken gemacht. Die §§ 74, 75 der Einleitung zum Preußischen Allgemeinen Landrecht von 1794 (EinlALR) lauten folgendermaßen: § 74: „Einzelne Rechte und Vortheile der Mitglieder des Staates muessen den Rechten und Pflichten zur Befoerderung des gemeinschaftlichen Wohls, wenn zwischen beiden ein wirklicher Widerspruch (Collision) eintritt, nachstehn.“ § 75: „Dagegen ist der Staat denjenigen, welcher seine besonderen Rechte und Vortheile dem Wohle des gemeinen Wesens aufzuopfern genoetigt wird, zu entschaedigen gehalten.“

Gerade bei den Entschädigungsansprüchen haben Gesetzgebung und Rechtsprechung seitdem eine Entwicklung genommen, die Materie und Begrifflichkeiten als besonders unübersichtlich und ungeordnet erscheinen lässt. Merkt man sich aber, wie die einzelnen Anspruchsarten voneinander abzugrenzen sind, welche Fälle also vom jeweiligen Anspruch erfasst werden, dann erschließt sich die Systematik. Dazu einen ersten Überblick in Übersicht 19.

Übersicht 19: Arten von Entschädigungsansprüchen

Entschädigungsansprüche können aufgrund folgender staatlicher Akte bestehen:

1. **Enteignung**: finaler hoheitlicher Entzug von Eigentum
2. **ausgleichspflichtige Inhaltsbestimmung**: bei unverhältnismäßigem Eigentumseingriff aufgrund abstrakt-genereller Regelungen
3. **Enteignungsgleicher Eingriff**: aus rechtswidrigem Hoheitshandeln resultierende Eigentumsbeeinträchtigung
4. **Enteignender Eingriff**: Eigentumsverletzung als unbeabsichtigte Nebenfolge rechtmäßigen Verwaltungshandelns
5. **Aufopferung**: hoheitlicher Eingriff in Leben, Gesundheit oder Freiheit

Es fällt insoweit bereits ins Auge, dass die Nummern eins bis vier jeweils staatliche Eingriffe in das Eigentum, die Nummer fünf (Aufopferung) hingegen Verletzungen anderer Rechtsgüter betrifft.

Und weiter geht's mit den einzelnen Anspruchsarten:

Entschädigungsanspruch wegen Enteignung

Fall 91

Landwirt L hängt an seinem Bauernhof, den er liebevoll „Hacienda Dulce“ zu nennen pflegt. Die Bebauung des naheliegenden Städtchens ist mittlerweile jedoch soweit vorangeschritten, dass der Hof des L vollständig von Wohngebäuden umgeben ist. Die Gemeinde weist den Ortsteil in einem Bebauungsplan als reines Wohngebiet aus. Auch auf dem Grundstück des L sollen nach ihrem Willen Wohngebäude stehen. Sie macht dem L ein angemessenes Kaufangebot, das L jedoch harsch zurückweist. Daraufhin enteignet sie das Grundstück gemäß §§ 85 I Nr.1, 86 I Nr.1 BauGB (Sartorius Nr. 300). Kann L Entschädigung verlangen?

Lesen Sie bitte zunächst einmal Art. 14 GG. Sein Absatz 3 enthält eine recht ausführliche Regelung zu den Voraussetzungen einer Enteignungsentschädigung. Das Schema für die Prüfung eines Entschädigungsanspruchs wegen Enteignung gibt Übersicht 20 wieder.

Übersicht 20: Entschädigungsanspruch wegen Enteignung

I. **Anspruchsgrundlage**: Spezialgesetz im Sinne von Art. 14 III 2 GG
II. **Voraussetzungen**
  1. Enteignung: Entziehung von Eigentum durch finalen hoheitlichen Eingriff
  2. Rechtmäßigkeit der Enteignung
     a. gesetzliche Entschädigungsregelung (Junktimklausel) im Sinne von Art. 14 III 2 GG
     b. Gemeinwohlerfordernis
     c. Verhältnismäßigkeit des Eingriffs
III. **Rechtsfolge**: Entschädigung nach Spezialgesetz

Zunächst brauchen wir also eine gesetzliche Anspruchsgrundlage für die Entschädigung, wie sie von Art. 14 III 2 GG gefordert wird. Grundlage für einen Anspruch des L ist in unserem Fall § 93 BauGB (Sartorius Nr. 300).

Erste Voraussetzung für den Entschädigungsanspruch ist sodann das Vorliegen einer Enteignung. Eine Enteignung ist die durch gezielten hoheitlichen Rechtsakt erfolgende Entziehung von Eigentum. Der Begriff des Eigentums im Sinne von Art. 14 I 1 GG umfasst dabei grundsätzlich jedes vermögenswerte Recht: Eigentum an Grundstücken, Eigentum an beweglichen Sachen, schuldrechtliche Forderungen, Aktien, Urheberrechte etc. Klar, dass das Grundstück des L darunter fällt.

Des Weiteren muss es sich bei der Entziehung des Eigentums um einen gezielten hoheitlichen Rechtsakt handeln. Zu unterscheiden sind insoweit die Administrativenteignung durch die Verwaltung („aufgrund Gesetzes“, vgl. Art. 14 III 2 GG) bzw. die durch den Gesetzgeber selbst vorgenommene sog. Legalenteignung („durch Gesetz“). In unserem Fall hat – wie in aller Regel – die Verwaltung die Enteignung des L „aufgrund

Gesetzes“, nämlich der Vorschriften der §§ 85 ff. BauGB, vorgenommen. Eine Enteignung (in Form der Administrativenteignung) liegt also vor.

Damit ein Entschädigungsanspruch besteht, muss die Enteignung weiterhin rechtmäßig erfolgt sein. War sie rechtswidrig, muss sich der Betroffene um ihre Aufhebung bemühen. Er kann sie dann nicht etwa dulden und anschließend Entschädigung verlangen. Drei Anforderungen sind insofern zu beachten: Zum einen muss die Enteignungsentschädigung gemäß Art. 14 III 2 GG in einem Gesetz geregelt sein. Nach Art. 14 III 1 GG ist die Enteignung darüber hinaus nur zum Wohl der Allgemeinheit zulässig (also nicht, wenn sie ausschließlich Privatinteressen dient). Schließlich muss die Enteignung verhältnismäßig erfolgt sein, d.h. es darf insbesondere kein milderes Mittel als der Eigentumsentzug in Betracht kommen.

Zurück zu Fall 91: Die Enteignung erfolgte auch rechtmäßig. §§ 93 ff. BauGB regeln die Enteignungsentschädigung. Die Enteignung diente Gemeinwohlinteressen, nämlich der einheitlichen Bebauung des Ortsteils mit Wohngebäuden. Auch die Verhältnismäßigkeit wurde gewahrt. Der Kauf des Hofs zu einem angemessenen Preis wäre zwar ein milderes Mittel gewesen; dies schlug L jedoch aus. Die Voraussetzungen für einen Anspruch wegen Enteignung liegen mithin vor.

Rechtsfolge: L kann eine Entschädigung verlangen. Geltend machen kann er sie im Streitfall gemäß Art. 14 III 3 GG vor den Zivilgerichten. Inhalt und Höhe des Entschädigungsanspruchs ergeben sich dabei aus den §§ 93ff. BauGB.

Entschädigungsanspruch wegen ausgleichspflichtiger Inhaltsbestimmung

Fall 92

Laut gesetzlicher Regelung muss jeder Verleger von jedem publizierten Buch ein Belegstück (Pflichtexemplar) an eine bestimmte staatliche Bibliothek abgeben. V stellt in seinem Selbstverlag in Leipzig bibliophile Kostbarkeiten her, die in einer Auflage von 30 Exemplaren und zu einem Preis von 1800 Euro pro Stück erscheinen sollen. Muss er für das an die öffentliche Bücherei abzugebende Buch entschädigt werden?

Nach Art. 14 I 2 GG werden Inhalt und Schranken des Eigentums durch die Gesetze bestimmt. Solche Inhalts- und Schrankenbestimmungen legen anders als die konkret-individuell wirkende Enteignung abstrakt-generell Rechte und Pflichten im Hinblick auf das Eigentum fest. So hat der Gesetzgeber beispielsweise in § 1a IV Nr.2 WHG (Sartorius Nr. 845) bestimmt, dass das Grundeigentum nicht zum Ausbau eines oberirdischen Gewässers berechtigt. Jeder Grundeigentümer, auf dessen Gelände sich ein Teich, See etc. befindet, kann diese Gewässer folglich nicht ohne weiteres ausbauen.

Grundsätzlich sind derartige Inhalts- und Schrankenbestimmungen entschädigungslos hinzunehmen. Der Gesetzgeber muss jedoch bei ihrem Erlass den Grundsatz der Verhältnismäßigkeit beachten. Wenn die Inhaltsbestimmung den Betroffenen in einer Weise belastet, die auch unter Berücksichtigung der Sozialgebundenheit des Eigentums unzumutbar erscheint, so ist sie als unverhältnismäßig und damit verfassungswidrig anzusehen. Diese Unverhältnismäßigkeit kann der Gesetzgeber dadurch vermeiden, dass er dem Belasteten zum Ausgleich eine Entschädigung gewährt: Das Ganze nennt sich dann „ausgleichspflichtige" Inhaltsbestimmung.

Die Abgabepflicht von Büchern an öffentliche Bibliotheken aus dem Ausgangsfall 92 stellt als abstrakt-generelle Regelung des Eigentums eine Inhalts- und Schrankenbestimmung dar. V ist durch sie jedoch gegenüber den Verlegern, die Bücher in Massenproduktion herstellen, unverhältnismäßig belastet. In der gesetzlichen Regelung über die Abgabepflicht muss daher zwecks Wahrung der Verfassungsmäßigkeit für die Abgabe besonders wertvoller Bücher eine Geldausgleichsleistung vorgesehen sein. Aufgrund dieser ausgleichspflichtigen Inhaltsbestimmung kann V einen angemessenen Ausgleich für den durch die Abgabepflicht verursachten wirtschaftlichen Nachteil verlangen.

Entschädigungsanspruch wegen enteignungsgleichen Eingriffs

Fall 93

B erhält eine Abrissverfügung für sein Landschlösschen, obwohl er dieses aufgrund einer wirksamen Baugenehmigung errichtet hat und es zu den geltenden baurechtlichen Vorschriften gar nicht in Widerspruch steht. Erst nach Abriss des Bauwerks macht ihm ein rechtskundiger Bekannter klar, dass die Abrissverfügung rechtswidrig war. B will nunmehr entschädigt werden. Hat er einen Anspruch?

Auch bei den sogenannten enteignungsgleichen Eingriffen muss der Staat eine Entschädigung leisten. Ein enteignungsgleicher Eingriff liegt vor bei Eigentumsbeeinträchtigungen, die unmittelbar aus einem rechtswidrigen hoheitlichen Verhalten resultieren. Dazu Übersicht 21.

Übersicht 21: Entschädigungsanspruch wegen enteignungsgleichen Eingriffs

I. **Rechtsgrundlage**: gewohnheitsrechtlich geltender Aufopferungsgrundsatz der §§ 74, 75 EinlALR
II. **Voraussetzungen**
1. Eingriffsobjekt: Eigentum im Sinne von Art. 14 I GG
2. unmittelbarer hoheitlicher Eingriff
3. Rechtswidrigkeit des Eingriffs
4. Sonderopfer
5. kein Ausschluss des Anspruchs analog § 254 BGB („Mitverschulden")

III. **Rechtsfolge**: angemessene Entschädigung

Rechtsgrundlage für einen Entschädigungsanspruch aus enteignungsgleichem Eingriff ist der schon in den §§ 74, 75 EinlALR (s.o.) enthaltene gewohnheitsrechtliche Aufopferungsgedanke: Grundsätzlich geht „Gemeinnutz vor Eigennutz", es ist jedoch im Fall der hoheitlichen Durchsetzung öffentlicher Interessen zu Lasten privater Rechtsgüter dem besonders Belasteten eine Entschädigung zu gewähren.

Eingriffsobjekt ist wie bei der Enteignung das Eigentum im Sinne von Art. 14 I GG, d.h. jede vermögenswerte Rechtsposition. In dieses muss unmittelbar hoheitlich eingegriffen worden sein. Unmittelbar ist der Eingriff, wenn sich ein mit dem Verwaltungshandeln typischerweise verbundenes Risiko in der Eigentumsbeeinträchtigung niedergeschlagen hat.

Das eigentumsbeeinträchtigende hoheitliche Handeln muss rechtswidrig gewesen sein. Dadurch unterscheidet sich der enteignungsgleiche Eingriff von der Enteignung und dem enteignendem Eingriff, zu dem wir gleich noch kommen werden.

Schließlich kann der Anspruch auf Entschädigung analog § 254 BGB (sog. „Mitverschulden“) entfallen, wenn es der Geschädigte versäumt hat, sich zur Schadensabwendung zunächst einmal um Aufhebung des rechtswidrigen Hoheitshandelns zu bemühen.

Auf Fall 93 bezogen sieht das so aus: Durch die Abrissverfügung wurde in das Eigentum des B an seinem Schlösschen unmittelbar eingegriffen. Der Eingriff war rechtswidrig, da B das Schlösschen aufgrund einer gültigen Baugenehmigung errichtet hatte und insofern ohnehin kein Widerspruch zu baurechtlichen Vorschriften bestand. Dem B kann jedoch vorgehalten werden, dass er gegen die rechtswidrige Abrissverfügung nicht vorgegangen ist. Er hätte sich – mit Widerspruch und Anfechtungsklage – um deren Aufhebung bemühen müssen, anstatt das Gebäude abzureißen und daraufhin eine Entschädigung zu verlangen. Sein Anspruch entfällt wegen Mitverschuldens (analog § 254 BGB).

Fall 94

Die Kriminalpolizei Sachsenhausen stellt das Kfz des F rechtswidrigerweise sicher und nimmt es in Verwahrung. Nachts dringen unbekannte Täter in die Verwahrhalle ein und randalieren dort. Dabei wird auch das Fahrzeug des F beschädigt. Hat F einen Entschädigungsanspruch aus enteignungsgleichem Eingriff? Woran könnte es hier fehlen?

Wie gerade erwähnt, ist der hoheitliche Eingriff nur dann unmittelbar, wenn sich ein mit dem Verwaltungshandeln typischerweise verbundenes Risiko in der Eigentumsbeeinträchtigung niedergeschlagen hat. Das ist im Beispiel 94 nicht gegeben: Bei Sicherstellung und Verwahrung eines Fahrzeugs durch die Verwaltung kann in aller Regel davon ausgegangen werden, dass dieses nicht durch nächtliche Randalebrüder beschädigt wird.

Entschädigungsanspruch wegen enteignenden Eingriffs

Fall 95

Die von einer ordnungsgemäß betriebenen kommunalen Anlage zur Lagerung und Behandlung von Abfällen angelockten Krähen und Möwen richten auf den benachbarten Äckern des Landwirts L Totalschäden an der Saat an. L verlangt Entschädigung. Zu Recht?

Ein Entschädigungsanspruch kann auch aufgrund sogenannten „enteignenden" Eingriffs bestehen: Ein enteignender Eingriff liegt vor bei Eigentumsverletzungen, die unmittelbare, aber unbeabsichtigte und atypische Nebenfolge rechtmäßigen Verwaltungshandelns sind. Dazu die gewohnte Übersicht (Nr.22):

Übersicht 22: Entschädigungsanspruch wegen enteignenden Eingriffs

I. **Rechtsgrundlage**: gewohnheitsrechtlich geltender Aufopferungsgrundsatz der §§ 74, 75 EinlALR

II. **Voraussetzungen**

1. Eingriffsobjekt: Eigentum im Sinne von Art. 14 I GG
2. unmittelbarer hoheitlicher Eingriff
3. Eingriff als unbeabsichtigte schädigende Nebenfolge rechtmäßigen Hoheitshandelns
4. Sonderopfer
5. kein Ausschluss des Anspruchs analog § 254 BGB („Mitverschulden")

III. **Rechtsfolge**: angemessene Entschädigung

Rechtsgrundlage auch für den Entschädigungsanspruch wegen enteignenden Eingriffs ist der gewohnheitsrechtlich geltende Aufopferungsgedanke der §§ 74, 75 EinlALR.

Es muss ein unmittelbarer hoheitlicher Eingriff in eine vermögenswerte Rechtsposition im Sinne von Art. 14 I 1 GG stattgefunden haben. Der Eingriff muss sich dabei als unbeabsichtigte, schädigende Nebenfolge rechtmäßigen hoheitlichen Handelns darstellen. Darin liegt der Unterschied zum enteignungsgleichen Eingriff: Das Hoheitshandeln an sich ist rechtmäßig!

Darüber hinaus muss dem Betroffenen durch den Eingriff ein Sonderopfer abverlangt worden sein. Dies ist dann der Fall, wenn die Eigentumsbeeinträchtigung so schwer wiegt, dass der entstandene Nachteil dem

Einzelnen nicht mehr zugemutet werden kann. Maßgebliches Kriterium ist also die Zumutbarkeit. Schließlich kann der Anspruch wiederum analog § 254 BGB ausgeschlossen sein, wenn der Betroffene gegen das eigentumsbeeinträchtigende Hoheitshandeln hätte vorgehen können.

Fall 95 lässt sich also folgendermaßen lösen: In das Eigentum des L, nämlich dessen besäte Äcker, wurde vorliegend eingegriffen. Dies geschah unmittelbar aufgrund des rechtmäßigen hoheitlichen Betriebs der Anlage zur Lagerung und Behandlung von Abfällen: Es stellt eine typische Gefahrenlage dar, dass Vögel durch Abfälle angelockt werden. Aufgrund der schwerwiegenden Beeinträchtigung seiner Äcker wurde dem L zudem ein Sonderopfer abverlangt. Ihm ist daher eine Entschädigung zu zahlen.

Fall 96

Bei öffentlichen Straßenreinigungsmaßnahmen spritzt verschmutztes Wasser an eine nahe gelegene Hauswand des H. H verlangt Entschädigung. Woran wird es hier fehlen?

Für einen Entschädigungsanspruch aus enteignendem Eingriff ist eine schwerwiegende Eigentumsbeeinträchtigung erforderlich, die dem Einzelnen nicht zugemutet werden kann. Dies ist hier nicht der Fall. Das Reinigungswasser beeinträchtigt das Eigentum des H nicht in unzumutbarer Weise, es liegt kein Sonderopfer vor.

Allgemeiner Aufopferungsanspruch

Fall 97

Der einer Spezialeinheit angehörende Scharfschütze S liefert sich eine Schießerei mit Geiselnehmern. Eine abirrende Kugel aus seiner Dienstwaffe trifft den Unbeteiligten U am Arm. Der allgemeine Aufopferungsanspruch unterscheidet sich von den zuvor dargestellten Entschädigungsansprüchen im Hinblick auf das Rechtsgut, in das eingegriffen wird. Inwiefern? Welches Rechtsgut ist im Fall betroffen?

Bei den Ansprüchen wegen Enteignung, enteignungsgleichem und enteignendem Eingriff geht es um Eigentumseingriffe. Mit dem allgemeinen Aufopferungsanspruch hingegen kann Entschädigung für hoheitliche Eingriffe in nichtvermögenswerte Rechte (Leben, Gesundheit, Freiheit) verlangt werden.

So kommt für U in Fall 97 ein Anspruch aus allgemeiner Aufopferung wegen der Verletzung seiner körperlichen Integrität in Betracht.

Die Bedeutung des allgemeinen Aufopferungsanspruchs ist in der Praxis nur noch verhältnismäßig gering, da die meisten seiner Fallkonstellationen mittlerweile in Spezialgesetzen geregelt sind. Diese spezialgesetzlichen Vorschriften verdrängen dann den Anspruch aus allgemeiner Aufopferung. Erleidet etwa jemand aufgrund einer gesetzlich vorgeschriebenen Impfung einen Gesundheitsschaden, so kann er gemäß §§ 60ff. InfSchG (Infektionsschutzgesetz, Sartorius Ergänzungsband 285) Entschädigung verlangen.

Dennoch verbleibt dem allgemeinen Aufopferungsanspruch auch heute noch ein gewisser Anwendungsbereich. Übersicht 23 bietet das übliche Schema:

Übersicht 23: Allgemeiner Aufopferungsanspruch

I. **Rechtsgrundlage**: gewohnheitsrechtlich geltender Aufopferungsgrundsatz der §§ 74, 75 EinlALR

II. **Voraussetzungen**

1. Eingriffsobjekt: nichtvermögenswerte Rechtsposition: Leben, Gesundheit, Freiheit
2. unmittelbarer hoheitlicher Eingriff
3. Sonderopfer: nicht bei Realisierung des allgemeinen Lebensrisikos
4. kein Ausschluss des Anspruchs analog § 254 BGB („Mitverschulden")

III. **Rechtsfolge**: angemessene Entschädigung

Auch der allgemeine Aufopferungsanspruch findet seine Rechtsgrundlage in dem auf die §§ 74, 75 EinlALR zurückgehenden Aufopferungsgewohnheitsrecht. Es muss ein hoheitlicher Eingriff in eine nichtvermögenswerte Rechtsposition, also in Leben, Gesundheit oder Freiheit, stattgefunden haben. Dieser Eingriff muss unmittelbar zu der Rechtsgutsbeeinträchtigung geführt haben.

Wann ist dies nochmal der Fall? Hierzu ein kleines Beispiel:

Fall 98

Strafgefangener S wird in der Justizvollzugsanstalt von seinen Mithäftlingen brutal misshandelt. Liegt hier eine unmittelbare Rechtsgutsbeeinträchtigung (durch die staatliche Freiheitsentziehung) vor?

Unmittelbarkeit ist gegeben, wenn der Schaden typischerweise mit einem Hoheitshandeln verbunden ist. S hat sich hier jedoch durch eigenes strafbares Verhalten dem Freiheitsentzug und den damit verbundenen Folgen ausgesetzt. Die staatliche Freiheitsentziehung schafft keine typische Gefährdungslage für das Rechtsgut Gesundheit. S ist demnach nicht unmittelbar in einem Rechtsgut beeinträchtigt.

Weiterhin muss dem Betroffenen durch den Eingriff ein Sonderopfer abverlangt werden. Er muss im Vergleich zu anderen unzumutbar belastet worden sein. Ein Sonderopfer liegt nicht vor, wenn sich die Beeinträchtigung nur als Realisierung des allgemeinen Lebensrisikos darstellt.

Fall 99

Schüler S zieht sich im schulischen Turnunterricht bei einer Rolle vorwärts eine schwere Beinverletzung zu. Seine Eltern möchten die Heilbehandlungskosten gerne ersetzt bekommen. Woran scheitert der Anspruch?

Es fehlt am Sonderopfer. Die im Schulunterricht vorgenommenen Turnübungen stellen nur eine leichte körperliche Belastung dar, wie sie auch außerhalb der Schule beim Spielen von Kindern anzutreffen ist. Es realisiert sich also lediglich das allgemeine Lebensrisiko.

Schließlich kann auch der allgemeine Aufopferungsanspruch analog § 254 BGB wegen „Mitverschuldens" entfallen, wenn der Betroffene keinen Rechtsbehelf (sofern dies überhaupt möglich war) zur Schadensabwendung eingelegt hat.
Zur zusammenhängenden Prüfung des Anspruchs noch einmal der Ausgangsfall in Kurzform:

Fall 100

Der polizeiliche Scharfschütze S hat Geiselnehmer G im Visier. Sein Schuss irrt jedoch ab und trifft den unbeteiligten Passanten U, der am Arm verletzt wird. Kann U Ersatz seiner Heilbehandlungskosten verlangen?

Durch den Schuss des S wurde U in seiner Gesundheit, also einem nichtvermögenswerten Rechtsgut verletzt. Dieser Eingriff geschah auch unmittelbar, da die Gefahr abirrender Kugeln typischerweise mit dem Schuss aus einer Dienstwaffe verbunden ist. Zudem wurde dem U ein Sonderopfer abverlangt, da sich in der Schussverletzung nicht etwa bloß ein allgemeines Lebensrisiko realisierte. Die Einlegung von Rechtsbehelfen zur Schadensabwendung war dem U nicht möglich. Der Anspruch entfällt daher auch nicht wegen Mitverschuldens. U kann demnach Ersatz seiner Heilbehandlungskosten aus allgemeiner Aufopferung fordern.

Bitte gehen Sie noch einmal die verschiedenen Übersichten durch! Achten Sie darauf, worin sich die einzelnen Arten von Entschädigungsansprüchen voneinander unterscheiden.

Lektion 13

Folgenbeseitigungsanspruch

Fall 101

A nennt eine schicke Zwei-Zimmer-Wohnung in der Innenstadt von Köln sein Eigen, bewohnt diese jedoch nicht selbst. Als der Winter hereinbricht, weist die Stadtverwaltung die Obdachlosen O und U per Verfügung in die Wohnung des A ein. Sie verkennt dabei, dass in Obdachlosenunterkünften noch ausreichend Wohnraum vorhanden ist. Kann A von der Stadt Räumung seiner Wohnung verlangen?

Ein Folgenbeseitigungsanspruch (FBA) kommt dann in Betracht, wenn sich jemand gegen einen rechtswidrigen Zustand zur Wehr setzen will. Er ist auf die Beseitigung der rechtswidrigen Folgen hoheitlicher Tätigkeit gerichtet. Der Anspruchsinhaber kann mit dem Folgenbeseitigungsanspruch nicht Schadensersatz oder Entschädigung, sondern Wiederherstellung des früheren Zustands verlangen.

Auf welcher Grundlage eine solche Folgenbeseitigung gefordert werden kann, wird in Rechtsprechung und Lehre nicht einheitlich gesehen: § 113 I 2 VwGO (Sartorius Nr. 600: bitte lesen!) setzt zwar die Möglichkeit eines FBA voraus, betrifft als prozessuale Vorschrift jedoch lediglich die Durchsetzung der Folgenbeseitigung. Überwiegend wird als materiellrechtliche Rechtsgrundlage für den FBA der Grundsatz der Gesetzmäßigkeit der Verwaltung (Art. 20 III GG) bzw. die Abwehrfunktion der Freiheitsgrundrechte angenommen.

Leitsatz 17

!

Rechtsgrundlage des Folgenbeseitigungsanspruchs

1. Die Rechtsgrundlage des FBA ist nicht eindeutig geklärt.
   Zum Teil wird sie aus dem Grundsatz der Gesetzmäßigkeit der Verwaltung (Art. 20 III GG) abgeleitet: Da die Verwaltung an Gesetz und Recht gebunden sei, sei sie auch zur Beseitigung der rechtswidrigen Folgen ihres Handelns verpflichtet.
   Andere sehen die Abwehrfunktion der Freiheitsgrundrechte als Grundlage des FBA an:
   Diese gäben dem Bürger einen Anspruch darauf, dass der Staat die rechtswidrigen Folgen eines Grundrechtseingriffs beseitige.
2. Sollte in der Prüfung einmal danach gefragt sein: Kurz darlegen, dass der FBA mittlerweile allgemein anerkannt ist, wobei die umstrittene Rechtsgrundlage überwiegend in der Gesetzmäßigkeit der Verwaltung bzw. der Abwehrfunktion der Grundrechte gesehen wird.

Zu unterscheiden sind zwei Arten des Folgenbeseitigungsanspruchs: Der Vollzugsfolgenbeseitigungsanspruch zielt auf Beseitigung der Folgen, die durch den Vollzug eines rechtswidrigen Verwaltungsakts entstanden sind. Der schlichte Folgenbeseitigungsanspruch hingegen betrifft die Beseitigung von Folgen, die durch schlichtes Verwaltungshandeln (also durch Realakte) hervorgerufen worden sind.

Im Beispielsfall 101 ist O zu Unrecht per Einweisungsverfügung in die Wohnung des A eingewiesen worden. Tatsächlich bestand keine Wohnraumknappheit zum Zeitpunkt des Wintereinbruchs, die Einweisungsverfügung war rechtswidrig. A kann die Einweisungsverfügung anfechten und im Prozess gleichzeitig gemäß § 113 I 2 VwGO Räumung der Wohnung verlangen. Es handelt sich dabei um den gerade erwähnten Vollzugsfolgenbeseitigungsanspruch, da es um die Beseitigung der Folgen geht, die durch den Vollzug der rechtswidrigen Einweisungsverfügung (Verwaltungsakt!) eingetreten sind.

Sehen wir uns die einzelnen Voraussetzungen des FBA in Übersicht 24 einmal genauer an:

Übersicht 24: Prüfungsschema zum Folgenbeseitigungsanspruch

I. **Anspruchsvoraussetzungen**
   1. hoheitliches Handeln
   2. Eingriff in ein subjektives Recht
   3. fortdauernde rechtswidrige Folgen
   4. Möglichkeit und Zumutbarkeit der Wiederherstellung

II. **Rechtsfolge**: Wiederherstellung des früheren Zustands

Anspruchsvoraussetzungen

hoheitliches Handeln

Fall 102

Erinnern Sie sich noch an die böse Straßenbahn AG, die die Privatschüler mit ihrer Tarifpolitik diskriminierte? Es ging dabei um Verwaltungsprivatrecht, da die Stadt den öffentlichen Personennahverkehr in privatrechtlicher Form organisierte. Vor dem Haus des A verursacht die Straßenbahn einen Lärm, der ihn unwillkürlich an die ACDC-Konzertbesuche seiner Jugendzeit zurückdenken lässt. Kann A einen FBA geltend machen?

Ein Folgenbeseitigungsanspruch kommt nur bei hoheitlichem, also öffentlich-rechtlichem Handeln in Frage. Bei privatrechtlichem Verwaltungshandeln kann dagegen nur auf privatrechtliche Anspruchsgrundlagen (§ 1004 BGB) zurückgegriffen werden. Die Abgrenzung zwischen öffentlichem Recht und Privatrecht aus der Anfangslektion wird hier also nochmals aktuell.

Bei der Organisation des öffentlichen Personennahverkehrs in Form einer Straßenbahn AG wie in Fall 102 handelt es sich um Verwaltungsprivatrecht und damit um privatrechtliches Handeln der Verwaltung. Den Lärmemissionen der in privatrechtlicher Form betriebenen Straßenbahn kann A also nur mit dem privatrechlichen Unterlassungsanspruch aus § 1004 BGB begegnen. Ein öffentlich-rechtlicher Folgenbeseitigungsanspruch scheidet aus.

Eingriff in ein subjektives Recht

Fall 103

Die Stadt S errichtet eine Prachtstraße, die versehentlich über das Grundstück des E verlegt wird. In welches subjektive Recht des E ist hier eingegriffen worden?

Durch das hoheitliche Handeln muss in ein subjektives Recht des Bürgers eingegriffen worden sein. Dies ist vorliegend der Fall: Durch die Überbauung seines Grundstücks wird E in seinem Eigentumsrecht aus Art. 14 I GG beeinträchtigt.

Fortdauernde rechtswidrige Folgen

Fall 104

Gemeinde G freut sich, ihren Bürgern endlich einen öffentlichen Sportplatz zur Verfügung stellen zu können. Ganz anders Anwohner B: Der Torjubel der Nachwuchsballzauberer ist derart laut, dass B im Garten nicht mehr genussvoll den verehrten Volksmusikklängen lauschen kann. Muss B den Krach hinnehmen?

Durch das hoheitliche Handeln müssen rechtswidrige Folgen verursacht worden sein, die noch andauern. Dauern die rechtswidrigen Folgen nicht mehr an, kommen nur noch Schadensersatz- oder Entschädigungsansprüche in Betracht. Die Folgen des hoheitlichen Handelns sind jedoch dann nicht rechtswidrig, wenn eine Duldungspflicht des Bürgers besteht. In den Lärmimmissionsfällen besteht dann eine Duldungspflicht, wenn die Immissionen gemäß § 22 I i.V.m. § 3 I BImSchG – Sartorius Nr. 296 – dem Grundstücksnachbarn zumutbar sind.

Ob der Torschrei der Jugendkicker aus Fall 104 zumutbar ist oder nicht, ist Frage des jeweiligen Einzelfalls. Wenn ja, steht dem B ein Folgenbeseitigungsanspruch zu, die Gemeinde müsste für Ruhe sorgen. Wenn nicht, muss B die Spielfreude des FC Rotznase still erdulden.

Möglichkeit und Zumutbarkeit der Wiederherstellung

Fall 105

Das Sturmgewehr des Waffennarren D wird beschlagnahmt, obgleich dieser einen Waffenschein dafür besitzt. Als die Behörde ihren Fehler erkennt, hebt sie die Beschlagnahmeverfügung auf, muss aber zu ihrem Entsetzen feststellen, dass das Gewehr ihr entwendet worden ist. Warum hat D keinen Folgenbeseitigungsanspruch?

Ganz klar: Der Folgenbeseitigungsanspruch ist auf Wiederherstellung des ursprünglichen Zustands gerichtet und kann daher nicht mehr bestehen, wenn diese Wiederherstellung für die Behörde tatsächlich oder rechtlich unmöglich geworden ist.

So verhält es sich in Fall 105: Das Sturmgewehr des D kann nicht mehr herausgegeben werden, ihm steht mithin kein Folgenbeseitigungsanspruch zu. Was er verlangen kann, ist Schadensersatz.

Fall 106

Beim Bau einer Kläranlage ist das Privatgrundstück des B zu 2,35 Quadratmetern überbaut worden. B ist außer sich: Nicht nur, dass die vorher so reine Landluft in Zukunft verpestet wird, nein, zudem wurde auch noch sein Grund und Boden geschmälert. Er verlangt, dass die komplette Kläranlage versetzt werde. Dass dabei Kosten in Millionenhöhe entstünden, lässt ihn kalt. Hat B einen entsprechenden Folgenbeseitigungsanspruch?

Ein Anspruch auf Folgenbeseitigung besteht neben den Konstellationen der Unmöglichkeit auch dann nicht, wenn die Wiederherstellung des früheren Zustands unzumutbar ist. Unzumutbarkeit liegt vor, wenn die Wiederherstellung des früheren Zustands einen unverhältnismäßig hohen Aufwand erfordern würde. Bei Unzumutbarkeit kann der Betroffene (ebenso wie bei Unmöglichkeit der Wiederherstellung) lediglich Schadensersatz- oder Entschädigungsansprüche geltend machen.

Zu Fall 106: Die Versetzung der Kläranlage würde angesichts der nur geringen Überbauung des Grundstücks des B einen unverhältnismäßig hohen Aufwand erfordern. B hat demnach keinen Anspruch auf ihre Versetzung; er muss sich – genau wie Waffennarr D – vielmehr mit Schadensersatz- bzw. Entschädigungsansprüchen begnügen.

Rechtsfolge

Fall 107

In einer amtlichen Erklärung wird eine Gruppierung als „Sekte“ bezeichnet. Im Nachhinein stellt sich heraus, dass es sich lediglich um eine besonders religionskritische Organisation handelt. Die Gruppierung macht einen Folgenbeseitigungsanspruch geltend. Worauf könnte er in diesem Fall wohl gerichtet sein?

Der Folgenbeseitigungsanspruch ist auf Wiederherstellung des ursprünglichen Zustands gerichtet und verlangt von der Verwaltung ein darauf gerichtetes positives Tätigwerden. Im Beispielsfall müsste die Behörde die ehrverletzende Äußerung also widerrufen.

Zusammenfassung

Zur zusammenhängenden Wiederholung von Voraussetzungen und Rechtsfolge des Folgenbeseitigungsanspruchs kehren wir nochmals zum Eingangsfall dieser Lektion zurück, zumal es sich um einen Standardfall in diesem Bereich handelt. Hier noch einmal seine Kurzform:

Fall 108

Die Obdachlosen O und U werden per rechtswidriger Verfügung in die Wohnung des A eingewiesen. A ficht die Einweisungsverfügung an und macht einen Folgenbeseitigungsanspruch auf Räumung der Wohnung geltend. Sind die entsprechenden Voraussetzungen hier gegeben?

Ein **hoheitliches Handeln** liegt vor: Die Behörde hat die Obdachlosen durch Verfügung in die Wohnung des A eingewiesen. Sie hat damit auch in ein **subjektives Recht** des A **eingegriffen**, nämlich in sein Eigentumsrecht aus Art. 14 I GG. Dies wiederum hat zu **fortdauernden rechtswidrigen Folgen** geführt: Die Obdachlosen halten sich zu Unrecht in der Wohnung des A auf. Die Wiederherstellung des früheren Zustands ist schließlich **weder unmöglich noch unzumutbar**. Die Voraussetzungen des Folgenbeseitigungsanspruchs liegen damit vor.

Was kann A als Inhalt des Folgenbeseitigungsanspruchs verlangen?

A kann von der Behörde verlangen, dass diese für eine Räumung seiner Wohnung sorgt. Damit würde der vorherige Zustand (schicke leere Wohnung) wiederhergestellt werden.

Übersicht 25 fasst die wichtigsten Ansprüche des Bürgers im Staatshaftungsrecht noch einmal zusammen:

Übersicht 25: Ansprüche im Staatshaftungsrecht

Amtshaftung	**Entschädigungs-ansprüche**	**Folgenbeseitigungs-anspruch**
staatliche Haftung für schuldhafte Pflichtverletzungen öffentlich Bediensteter	Ausgleich von Nachteilen, die der Einzelne durch staatliche Eingriffe zugunsten der Allgemeinheit erleidet; Fallgruppen: – Enteignung – ausgleichspflichtige Inhaltsbestimmung – enteignungsgleicher Eingriff – enteignender Eingriff – Aufopferung	Beseitigung rechtswidriger Folgen hoheitlicher Tätigkeit

AufenthG	Aufenthaltsgesetz
AT	Allgemeiner Teil
BAföG	Bundesausbildungsförderungsgesetz
BauGB	Baugesetzbuch
BImSchG	Bundesimmissionsschutzgesetz
BBG	Bundesbeamtengesetz
BGB	Bürgerliches Gesetzbuch
bspw.	beispielsweise
BT	Besonderer Teil
bzw.	beziehungsweise
d.h.	das heißt
EinlALR	Einleitung zum Allgemeinen Preußischen Landrecht
GastG	Gaststättengesetz
GG	Grundgesetz
GewO	Gewerbeordnung
i.S.d.	im Sinne des
o.Ä.	oder Ähnliches
RVO	Rechtsverordnung
StVG	Straßenverkehrsgesetz
StVO	Straßenverkehrsordnung
u.a.	unter anderem
u.s.w.	und so weiter
VA	Verwaltungsakt
VersG	Versammlungsgesetz
VwVfG	Verwaltungsverfahrensgesetz
VwGO	Verwaltungsgerichtsordnung
VwVG	Verwaltungsvollstreckungsgesetz
VwVZ	Verwaltungszustellungsgesetz
z.B.	zum Beispiel

A

B

E

F

G

H

I

K

BGB – *leicht gemacht*

Kleiner BGB-Schein für Juristen, Betriebs- und Volkswirte.

von Dr. Heinz Nawratil Notar

29., neu bearbeitete Auflage

Eines der erfolgreichsten Bücher zur Einführung in das Bürgerliche Recht, mit dem Generationen Studierender den Einstieg in das Fach gefunden haben. Frisch und witzig, mitreißend und anregend geschrieben.

16,5 x 11,5 cm
kart., 150 Seiten
2006

ISBN 978-3-87440-210-1

9,95 €

HGB – *leicht gemacht*

Eine Einführung in das Handels, Gesellschafts- und Wertpapierrecht mit praktischen Fällen und Hinweisen für Klausuraufbau und Studium für Juristen, Betriebs- und Volkswirte und Studierende an Fachhochschulen und Berufsakademien.

von Dr. Heinz Nawratil Notar

21., überarbeitete Auflage

Das Buch gibt einen Überblick über die Systematik und die Grundlagen dieses Rechtsgebietes. In seiner bewährt fallorientierten Darstellung erleichtert es nicht nur Studenten den Einstieg in die facettenreiche Materie. Nützlich ist die Lektüre auch für interessierte Laien und Unternehmer. Hier lernen Sie Sachverhalte begreifen, die unmittelbar mit Ihrem Berufsalltag zu tun haben: Handelsgeschäfte, Machtbefugnisse des Prokuristen, unterschiedliche Gesellschaftsformen - von der stillen bis zur Aktiengesellschaft - und Wertpapiere.

16,5 x 11,5 cm
broschiert
123 Seiten
2007

ISBN 978-3-87440-215-6

9,95 €

Grundgesetz – *leicht gemacht*

Das Staats- und Verfassungsrecht der Bundesrepublik Deutschland. Eine Darstellung für Studierende der Rechts-, Wirtschafts-, Politik-, Geistes- und Sozialwissenschaften sowie für Studierende an den Berufsakademien.

von Robin Melchior, Richter am Amtsgericht, Lehrbeauftragter

Dieses neue Werk führt in der bewährten fallorientierten Weise in die wichtigsten Probleme des Verfassungsrechts ein. Behandelt werden u.a. die Organe des Staates, wie Bundestag, Bundesrat und Bundesregierung. Aber auch die Grundrechte, wie etwa Menschenwürde, Glaubens-, Meinungs- und Pressefreiheit sowie die Versammlungs- und Vereinigungsfreiheit, werden aufgezeigt. Außerdem wird die gerichtliche Kontrolle des staatlichen Handelns durch das Verfassungsgericht dargelegt.

16,5 x 11,5 cm
broschiert, Doppelband
153 Seiten
2006

ISBN 978-3-87440-211-8

9,95 €

OWiG – *leicht gemacht*

Das Recht der Ordnungswidrigkeiten. Eine strukturierte Darstellung mit praktischen Fällen.

von Dr. Torsten Noak, Rechtsanwalt

Das Ordnungswidrigkeitenrecht ist so etwas wie das „kleine Strafrecht“, mit dem der Staat Verstöße gegen seine Ordnungsprinzipien ahndet. Jeder Autofahrer hat sich schon einmal über ein „Knöllchen“ wegen Falschparkens geärgert, auch zu laut geratene Feiern können mit Bußgeld belegt werden. Hier werden dem Leser in der bewährt fallorientierten Darstellung System und Funktionieren dieser Materie nahe gebracht.
Detailliert dargestellt wird nicht nur die Entwicklung des Bußgeldverfahrens bei der Ordnungsbehörde, sondern auch der weiterführende Hergang vor den Gerichten. Auch ein Überblick der wichtigsten Bußgeld-Tatbestände ist enthalten.

16,5 x 11,5 cm
broschiert
108 Seiten
2007

ISBN 978-3-87440-220-0

9,95 €